D1720003

Mohamed Nahari

Europäische Finanzmarktintegration und transatlantische Bankenkrise

Institutionelle Entwicklungen, theoretische Analyse und Reformoptionen

Diplomica® Verlag GmbH

Nahari, Mohamed: Europäische Finanzmarktintegration und transatlantische Bankenkrise: Institutionelle Entwicklungen, theoretische Analyse und Reformoptionen, Hamburg, Diplomica Verlag GmbH 2012

ISBN: 978-3-8428-8406-9
Druck: Diplomica® Verlag GmbH, Hamburg, 2012
Covermotiv: Euro coin gears © Mopic · Fotolia.com

Bibliografische Information der Deutschen Nationalbibliothek:
Die Deutsche Nationalbibliothek verzeichnet diese Publikation in der Deutschen Nationalbibliografie; detaillierte bibliografische Daten sind im Internet über http://dnb.d-nb.de abrufbar.

Die digitale Ausgabe (eBook-Ausgabe) dieses Titels trägt die ISBN 978-3-8428-3406-4 und kann über den Handel oder den Verlag bezogen werden.

© Diplomica Verlag GmbH
http://www.diplomica-verlag.de, Hamburg 2012
Printed in Germany

Inhaltsverzeichnis

Abbildungsverzeichnis

8

Tabellenverzeichnis

Abkürzungsverzeichnis

ABS	Asset Backed Securities
AEUV	Vertrag über die Arbeitsweise der Europäischen Union
BaFin	Bundesanstalt für Finanzdienstleistungsaufsicht
BIS	Bank for International Settlements
CBOE	Chicago Board Options Exchange
CCBM	Correspondent Central Banking Model
CDO	Collateral Debt Obligations
CESR	Committee of European Securities Regulators
CMO	Collateral Mortgage Obligations
DAX	Deutscher Aktien Index
DKK	Dänische Krone
EAEG	Einlagensicherungs- und Anlegerentschädigungsgesetz
ECU	European Currency Unit
EFMI	Europäische Finanzmarktintegration
EG	Europäische Gemeinschaft
EGV	Vertrag zur Gründung der Europäischen Gemeinschaft
EONIA	Euro Over Night Index Average
ERM	European Exchange Rate Mechanism
ESZB	Europäisches System der Zentralbanken
EUR	Euro
EURIBOR	Euro Interbank Offered Rate
EWF	Europäischer Währungsfonds
EWI	Europäisches Währungsinstitut
EWS	Europäisches Währungssystem
EZB	Europäische Zentralbank
FDI	Foreign Direct Investment
FED	Federal Reserve (US-Notenbank)

FSAP	Financial Services Action Plan
Hrsg.	Herausgeber
hrsg.	herausgegeben
IIF	Institute of International Finance
IMF	International Monetary Fund (Internationaler Währungsfonds)
InsO	Insolvenzordnung
MFI	Monetary Financial Institution bzw. Monetäres Finanzinstitut
NBER	National Bureau of Economic Research
NRSRO	National Recognized Statistical Rating Organization
NZBen	nationalen Zentralbanken
o.g.	oben genannt/en
OPEC	Organization of the Petroleum Exporting Countries
SEPA	Single Euro Payments Area
USD	United States Dollar
VDAX	DAX Volatilitätsindex
Vgl.	Vergleiche
VSTOXX	Dow Jones Euro Stoxx Volatilitätsindex
WEO	World Economic Outlook
WFE	World Federation of Exchanges
WiSt	Wirtschaftswissenschaftliches Studium (Zeitschrift)
WKM	Wechselkursmechanismus
WWU	Wirtschafts- und Währungsunion

Symbolverzeichnis

$\cdot$	ein Punkt bezeichnet die zeitliche Ableitung
$*$	ein Sternchen bezeichnet eine ausländische Variable
b	Blasenterm
C	Konsum
c	Transaktionskosten
D	Höhe der Inlandskredite
F	ausländische Rendite
H	(inländische) Rendite
i	inländischer bzw. ausländischer Zinssatz
I	Investition
K	Kapital
L	Anteil am Gesamtvermögen
Li	Liquidationserlös
M	inländische Geldmenge
P	inländisches bzw. ausländisches Preisniveau
P	Preis
p	realer Wechselkurs
q	Eintrittswahrscheinlichkeit
Q	realer Output
R	Währungsreserven der inländischen Zentralbank
S	Devisenkassakurs
w	reales Vermögen
W	Vermögen in inländischer Währung
x	Dividende
X	Höhe Export in ausländischer Währung
Y	Einkommen
z	definiert einen Zeitpunkt

Z	Höhe der Auslandskredite
ε	Inflationsrate
θ	relativer Gleichgewichtungsfaktor
σ	Standardabweichung
Σ	Summe
σ^2	Varianz
τ	Steuersatz

1 Problemstellung

1.1 Ziel des Buches

Die Europäische Finanzmarktintegration (EFMI) ist eines der wichtigsten Ziele der Europäischen Union (EU). Neben der positiven Wirkung auf das Wirtschaftswachstum sind integrierte Finanzmärkte u.a. auch Voraussetzung für die internationale Risikoteilung, Ressourcenallokation sowie den intertemporalen Handel. Um von diesen Vorteilen zu profitieren, arbeitet die EU konsequent an der Umsetzung des Finanzmarktintegrationsprozess. In Krisenzeiten kann sich aber ein solcher Prozess verlangsamen oder umkehren. So hat die transatlantische Bankenkrise bis jetzt beispiellose geld- und fiskalpolitische Maßnahmen von den Staaten zur Rettung der Banken und zur Stützung der Wirtschaft gefordert. Dennoch erlebt die Weltwirtschaft derzeit die stärkste Rezession seit Ausbruch der Weltwirtschaftskrise 1929.

Die wichtigsten Fragen die sich zwangsläufig in diesem Zusammenhang ergeben sind, inwieweit die zahlreichen Einzelfaktoren dazu beitrugen das erst eine US-amerikanischen Subprime-Krise entstand und wie diese eine Reihe von Ereignisse auslöste die schließlich in der transatlantischen Bankenkrise endeten. Aus Europäischer Sicht soll der wichtigen Frage nachgegangen werden, inwieweit die transatlantische Bankenkrise Auswirkungen auf die einzelnen Bereiche der EFMI gehabt hat und haben wird. Die Antworten dieser Fragen sind unerlässlich um Lösungsansätze für die Wirtschaftspolitik zu beschreiben und damit eine zukünftige Wiederholung derartiger Finanzmarktturbulenzen zu verhindern.

1.2 Begriffliche Grundlagen

Das vorliegende Buch enthält mehrere Begriffe, deren exakte Bedeutung zum Gesamtverständnis von fundamentaler Bedeutung sind. Da für einzelne Begriffe sehr viele und teils unterschiedliche Definitionen existieren, sollen die Definitionen herausgegriffen werden, die dem Anliegen dieses Buches am ehesten entsprechen.

Internationalisierung und Globalisierung

Den Begriff „Internationalisierung" beschreibt *Aschinger* als die Zunahme externer Transaktionen und Verknüpfungen, ohne Notwendigkeit der vollständigen Liberalisierung von nationalen Märkten.[1]

Der Begriff „Globalisierung" hingegen ist eine besondere Variante der Internationalisierung.[2] Er ist von dem Wort „global" abgeleitet worden und bedeutet so viel wie den gesamten Globus betreffend. So sieht *Welfens* die Globalisierung als „...die verstärkte internationale Vernetzung von Ländern durch Außenhandel, internationale Investitionsströme und das Internet."[3] Eine weitere Definition liefern *Schüller* und *Fey*, die die „...Globalisierung als Prozess beschleunigter weltwirtschaftlicher Öffnung..." die als „...Zunahme von Assoziationsmöglichkeiten über herkömmliche Raum- und Zeitgrenzen hinaus – in geistig-kultureller, politischer, militärischer und wirtschaftlicher Hinsicht..." sehen.[4] Eine für dieses Buch besonders treffende Definition ist die von *Aschinger*, der die Globalisierung als zunehmende Integration nationaler Marktsegmente zu einem Weltmarkt versteht.[5] Die hier vorgestellten Definitionen zeigen jedoch ausnahmslos, dass die Begriffe Internationalisierung und Globalisierung nicht als Synonyme zu verstehen sind.

Finanzmarktintegration [6]

Für den Rahmen dieses Buches werden einige passende Definitionen für den Begriff „Finanzmarktintegration" (FMI) vorgestellt, jedoch sei festgehalten, dass bis heute keine allgemeingültige Definition existiert. Zuerst sei die Definition von *Balassa* erwähnt, der den Begriff „internationale ökonomische Integration "...als einen allgemeinen Zustand (statische Sicht) oder einen Prozess (dynamische Sicht) des Zusammenwachsens nationaler Volkswirtschaften zu einem größe-

---

[1] Vgl. Aschinger, G. (2001), S. 36.

[2] Vgl. auch Kessler, J.; Steiner, C. (Hrsg.) (2009): Facetten der Globalisierung: Zwischen Ökonomie, Politik und Kultur, VS Verlag für Sozialwissenschaften, Wiesbaden.

[3] Vgl. Welfens, P. J. J. (2010), S. 542.

[4] Vgl. Schüller, A.; Fey, G. (2002), S. 4.

[5] Vgl. Aschinger, G. (2001), S. 36.

[6] Der Finanzmarkt kann als Ort definiert werden, auf dem Finanzmittel in Form von Geld, Devisen, Krediten, Finanzderivaten und Wertpapieren gehandelt werden. Vgl. Schierenbeck, H.; Hölscher, R. (1998), S. 7 f.

ren Wirtschaftsraum..." beschreibt.[7] Zum Begriff FMI lieferte *Scitovsky* bereits früh eine Definition, die zugleich die Möglichkeit länderübergreifender Transaktionen und die Bereitschaft der Investoren auch solche Transaktionen durchzuführen umfasst: „The perfect integration of asset markets means, (…) that the assets must be transferable and the portfolio preferences of individual asset holders are regionally unbiased."[8] *Thieme* und *Vollmer* beschreiben die FMI als die zunehmende Verflechtung der vormals separierten Geld- und Kreditmärkte hin zu integrierten Finanzmärkten (dynamische Sichtweise).[9] Nach *Eijffinger* und *Lemmen* ist die vollständige FMI ein Zustand, in dem keinerlei rechtliche und institutionelle Beschränkungen für grenzüberschreitende Finanztransaktionen bestehen (statische Sichtweise): „...perfect international financial integration means that there are no barriers – there is no capital controls and/ or other legal regulatory and institutional barriers – that prevent investors from changing their portfolios instantaneously."[10] Die Autoren *Lane* und *Milesi-Ferretti* setzen hingegen den Grad der FMI mit dem Grad der Offenheit einer Volkswirtschaft für Kapitalzuflüsse und Kapitalabflüsse gleich: „...international financial integration = financial openness."[11] Zuletzt sei die Definition von *Flood* und *Rose* erwähnt, die argumentieren das Finanzmärkte dann perfekt integriert sind, wenn die auf ihnen gehandelten Vermögenstitel denselben erwarteten Zinssatz aufweisen (statische Sichtweise): "...financial markets are integrated when assets are priced by the same stochastic discount rate."[12] Da die FMI in der Regel Schritt für Schritt und nicht auf einmal erfolgt sind die Definitionen, die die FMI als dynamischen Prozess sehen, denen, die die FMI als statischen Zustand beschreiben, vorzuziehen.[13]

---

[7] Vgl. Balassa, B. (1961), S. 1 – 17.
[8] Scitovsky, T. (1969), S. 89.
[9] Vgl. Thieme, H. J.; Vollmer, U. (1990), S. 50.
[10] Eijffinger, S.; Lemmen, J. (2003), x.
[11] Vgl. Lane, P.; Milesi-Ferretti, G. M. (2003), S. 86 und Schrooten, M. (2005), S. 7.
[12] Flood, R.; Rose, A. K. (2003), S. 1.
[13] Vgl. Sket, M. (2002), 253.

Finanzkrise

Um den Begriff „Finanzkrise" definieren zu können, muss vorher die Frage ge-
klärt werden wann sich ein Finanzsektor, der die Finanzinstitutionen (Finanz-
dienstleister und Zentralbanken) und die unterschiedlichen Finanzmärkte zu-
sammenfasst, in einer Krise befindet. *Crockett* schreibt in seinem Aufsatz „Why
Is Financial Stability a Goal of Public Policy?": „...stability requires (i) that the
key institutions in the financial system are stable, in that there is a high degree
of confidence that they can continue to meet their contractual obligations with-
out interruption or outside assistance; and (ii) that the key markets are stable, in
that participants can confidently transact in them at prices that reflect fundamental forces and that do not vary substantially over short periods when there
have been no changes in fundamentals."[14] Daraus ergibt sich, dass eine Finanzkrise dann vorherrscht, wenn eine oder zwei der folgenden Voraussetzungen erfüllt sind:

- die Schlüsselinstitutionen des Finanzsystems können ohne Unterbre-
  chung oder Fremdhilfe ihren vertraglichen Verpflichtungen nachkommen
  und / oder

- auf den Schlüsselmärkten des Finanzsystems spiegeln die Preise die
  Fundamentaldaten wieder und diese variieren nicht substantiell über kur-
  ze Perioden, wenn keine Änderungen in den Fundamentaldaten vorliegen.

1.3 Aufbau des Buches

Im zweiten Kapitel werden nach einer kurzen Einführung zur Globalisierung der
Finanzmärkte die positiven und negativen Effekte einer FMI aus der Theorie
vorgestellt. Da der Schwerpunkt dieses Buches auf die EFMI ausgelegt ist, sollen anschließend die getroffenen Maßnahmen der EU zur Förderung der FMI in
Europa kurz zusammengefasst werden.

---

[14] Crockett, A. (1997), S. 6.

In Kapitel drei werden zuerst theoretische Erklärungsmodelle für Währungs- und Finanz-/Bankenkrisen[15] vorgestellt, die anschließend eine umfassende Untersuchung der Ursachen für die transatlantische Bankenkrise erlauben. Dabei wird klar werden, dass die transatlantische Bankenkrise nicht plötzlich erfolgte, sondern durch eine ganze Reihe von Ursachen über einen längeren Zeitraum begünstigt wurde.

Nachdem die Ursachen der transatlantischen Bankenkrise dargestellt worden sind, kann in Kapitel vier eine umfassende Analyse des Stands der EFMI vor bzw. nach Ausbruch der Finanzmarktturbulenzen im August 2007 erfolgen. Sofern staatliche Maßnahmen zur Stabilisierung des Finanzsektors erfolgten, werden auch diese auf evtl. negative Auswirkungen auf den Prozess der EFMI hin untersucht. Im Ergebnis wird dann eine Aussage über die Auswirkungen der Turbulenzen auf die verschiedenen Teilbereiche der EFMI getroffen.

Im fünften Kapitel dieses Buches werden verschiedene Reformvorschläge zur Verbesserung von Schwachpunkten der allgemeinen Wirtschaftspolitik und der Finanzmarktaufsicht präsentiert. Dabei wird auf die Rolle verschiedener Staaten bzw. Staatengemeinschaften sowie internationaler Institutionen eingegangen, die bei Befolgung eine zukünftige zweite transatlantische Bankenkrise erschweren sollten.

Abgeschlossen wird dieses Buch mit einer Zusammenfassung der wichtigsten Erkenntnisse dieser Untersuchung und einem Ausblick.

---

[15]   Die Begriffe Bankenkrise und Finanzkrise sollen als Synonyme verstanden werden.

2 Finanzmarktintegration im Zuge der Globalisierung

2.1 Globalisierung der Finanzmärkte

Die finanzielle Globalisierung beschreibt den Prozess der immer größer werdenden internationalen Verflechtung der Finanzmärkte, die ein zentrales Kennzeichen der Entwicklung der Weltwirtschaft darstellt. In Abbildung 1 wird grafisch verdeutlicht, dass innerhalb von 40 Jahren die Auslandsaktiva ausgewählter OECD-Staaten[16] von 18 auf 112 % ihres Bruttosozialprodukts (BSP), also um mehr als das sechsfache gestiegen ist und für die gesamte Weltwirtschaft um mehr als das fünfzehnfache von 6 auf 92 %. Alleine für Deutschland, das eine Netto-Gläubiger-Position einnimmt, betrug Ende 2008 das Netto-Auslandsvermögen 668 Mrd. Euro oder ca. 27 % des Bruttoinlandsprodukts (BIP).[17]

In der historischen Entwicklung haben bereits Anfang des 18. Jahrhunderts englische und holländische Banken privates Kapital in Entwicklungsprojekte wie z.B. den Bau von Eisenbahnen in vielen Ländern und auch der Dritten Welt investiert. Als jedoch die internationale Finanzkrise 1931 ausbrach und damit einhergehend sich Unsicherheit und mangelnde Gewinnaussichten verbreiteten verloren die privaten Anleger das Vertrauen bzgl. Internationaler Finanztransaktionen. Das bis dato liberale Finanzsystem wurde durch die Einführung von Devisenkontrollen beeinträchtigt.[18] Schließlich wurde mit dem Vertrag von 1944 in Bretton Woods (New Hampshire) das Abkommen über die Gründung des Internationalen Währungsfonds (International Monetary Fund - IMF) und der Weltbank unterzeichnet sowie das System von Bretton Woods[19] eingeführt, welches feste Wechselkurse gegenüber dem Gold vorsah. Der IMF stellte dem jeweiligen Land bei kurzfristigen Zahlungsbilanz-Schwierigkeiten zusätzliche Devisen

---

[16] Folgende Staaten wurden berücksichtigt: Großbritannien, Frankreich, Deutschland, Niederlande, USA, Kanada und Japan.
[17] Vgl. Deutsche Bundesbank (2009), S. 48.
[18] Vgl. Beck, U. (1998), S. 35.
[19] Vgl. Dormael, A. v. (1979), S. 154 f.

reserven zur Verfügung. Dafür mussten die betroffenen Länder ihre Zahlungsbilanz ausgleichen. Als Leitwährung diente der US-Dollar (Gold-Devisen-Standard).[20]

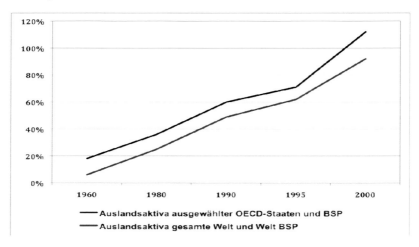

Abbildung 1: Verhältnis Auslandsaktiva (ausländische Forderungen) ausgewählter OECD-Staaten zum Bruttosozialprodukt[21]

Das Bretton Woods System brach im März 1973 in Folge des schwierigen Anpassungsprozesses zusammen.[22] Länder mit einem Überschuss in der Zahlungsbilanz mussten ihre Geldmenge ausdehnen, et vice versa. Die industrialisierten Nationen führten daraufhin das System flexibler Wechselkurse ein. Die internationalen Kapitalströme erfuhren somit eine Liberalisierung, da nun der Wechselkurs die notwendigen Anpassungen bei Zahlungsbilanzungleichgewichten leisten konnte ohne das die Zentralbanken zu Devisenmarktinterventionen gezwungen waren.[23]

Die seit Anfang der Siebziger Jahre eingesetzte Deregulierung des Finanzsektors, der technologische Fortschritt im Computer- und Telekommunikationswe-

---

[20] Vgl. Krugman, P. R.; Obstfeld, M. (2009), S. 671.
[21] Quelle: Obstfeld, M.; Taylor, A. (2004), S. 53; eigene Darstellung.
[22] Zum Zusammenbruch des Bretton-Woods-Systems vgl. Garber, P. M. (1993), S. 461 – 494; Obstfeld, M.; Taylor, A. M. (1998), S. 38 – 40; Chen, C.; Lai, C. (2008), S. 1 – 15 und allgemein zum Bretton-Woods-System vgl. Bordo, M. D.; Eichengreen, B. J. (Hrsg.) (1993) und Eichengreen B. J. (1996).
[23] Vgl. Taylor, A. M. (2004), S. 28 - 31.

sen und die Schaffung derivativer Finanzinstrumente haben, neben der zunehmenden Kapitalmobilität, die Globalisierung der Finanzmärkte verstärkt (siehe dazu Anhang 1).[24] *Welfens* betont auch den Rückgang der *Home Bias*[25] bei den Finanzinvestitionen als Ursache und sieht insbesondere die intensive Nutzung innovativer Risikotransferinstrumente und Risikotransfertechniken als Hauptantrieb für das extreme Wachstum der Finanzmärkte in den Industrieländern.[26] In Abbildung 2 werden zusammenfassend die auf die Globalisierung der Finanzmärkte einwirkenden verschiedenen Einflussfaktoren schematisch dargestellt.

Abbildung 2: Einflussfaktoren der Globalisierung von Finanzmärkten[27]

2.2   Historische Entwicklung der Europäischen Finanzmarktintegration

Schon der im Jahre 1970 vorgelegte Werner-Plan, der binnen zehn Jahren eine Währungsunion in der damaligen Europäischen Gemeinschaft (EG) vorsah, hatte zum Ziel eine einheitlichen Währung innerhalb der EG einzuführen. Das

---

[24]   Vgl. Aschinger, G. (2001), S. 36.
[25]   Der Begriff „Home Bias" bezeichnet die höhere Präferenz von Investoren für nationale Portfolioinvestitionen, auch wenn internationale Portfolios bewiesenermaßen eine höhere Rendite liefern können. *Home Bias* ist demnach eine Verzerrung zu Gunsten heimischer Investitionen.
[26]   Vgl. Welfens, P. J. J. (2009a), S. 22 f.
[27]   Quelle: Aschinger, G. (2001), S. 37.

anschließende Scheitern des Werner-Plans und die Bestrebungen einer Desintegration innerhalb der EG entgegenzuwirken, führten schließlich zur Gründung des Europäischen Währungssystems (EWS) im Jahre 1979 und damit einhergehend die Schaffung der künstlichen Leitwährung European Currency Unit (ECU).[28] Das EWS führte zudem zu einer zunehmende Bereitschaft der Mitgliedstaaten ihre Wirtschaftspolitik an die wirtschaftlich stabilsten Ländern der EG zu orientieren. Schließlich wurde 1990 die erste Stufe der Wirtschafts- und Währungsunion (WWU) realisiert. Die einzelnen Staaten der EG wurden angehalten bei ihren nationalen Wirtschafts- und Währungspolitiken vermehrt auf die Voraussetzungen der Geldwertstabilität und Haushaltsdisziplin in der EG zu achten.[29] Die im Binnenmarktprogramm von 1992 festgehaltene Liberalisierung von Finanzdienstleistungen, durch die eine Erhöhung der Investitionsquote erhofft wurde, stellte eine institutionelle Absicherung der FMI in Europa dar.[30]

Mit Gründung des Europäischen Währungsinstituts (EWI) 1994 (zweite Stufe) sollte schließlich eine neue institutionelle Grundlage für die Zusammenarbeit der nationalen Zentralbanken (NZBen) innerhalb der EG geschaffen werden. Unter anderem sollte das EWI alle nötigen Voraussetzungen treffen, um der zukünftigen Europäischen Zentralbank (EZB) in der dritten Stufe die Arbeitsaufnahme zu ermöglichen. Anschließend einigte sich der Europäische Rat im Dezember 1995 in Madrid auf die Aufnahme der dritten Stufe der WWU am 1. Januar 1999 und der Gemeinschaftswährung den Namen „Euro" zu geben. Der Europäische Rat einigte sich auch auf die strikte Auslegung der Konvergenzkriterien,[31] die Voraussetzung zur Erfüllung der notwendigen Bedingungen für die Einführung der Gemeinschaftswährung sind. Bis zum 31. Dezember 2001 sollte sowohl der Euro als Buchgeld existieren als auch eine einheitliche Geldpolitik im Euro-Währungsgebiet praktiziert werden (Übergangsprozess). Am 1. Januar

---

[28] Vgl. Steinherr, A. (1994), S. 10 – 28.
[29] Vgl. Deutsche Bundesbank (2008a), S. 12 ff.
[30] Vgl. Welfens, P. J. J. (2009b), S. 39 ff.
[31] Für eine ausführliche Darstellung der Konvergenzkriterien vgl. Anhang 5

2002 wurde der letzte Schritt zur Währungsunion mit der physischen Einführung des Euro vollzogen.[32]

Mit Beginn der dritten Stufe wurde das EWI durch das Europäische System der Zentralbanken (ESZB), welches einen Verbund aus EZB und den NZBen, die den Euro bereits eingeführt haben darstellt, abgelöst. Dabei wurden die NZBen der EZB untergeordnet.[33] Entscheidende Merkmale des ESZB sind die durch Art. 108 EGV geschützte institutionelle, personelle, funktionale und finanzielle Unabhängigkeit.[34] Diese sind notwendig, um das vorrangige Ziel des Eurosystems nach Art. 105 EGV, nämlich die Preisstabilität im Euro-Währungsgebiet zu gewährleisten und falls damit vereinbar die Unterstützung der allgemeinen Wirtschaftspolitik in der EG, zu erreichen. Durch diese Aufgabe soll das ESZB ein stabiles Preisniveau aufrechterhalten und damit ein positives Wirtschaftsklima und einen hohen Beschäftigungsstand fördern. Die in der Welt einzigartige Gewährung der umfassenden Unabhängigkeit des ESZB wurde mit einer ebenfalls umfassenden Rechenschaftspflicht des ESZB verknüpft. Damit soll verhindert werden, dass sich das ESZB jeglicher Kontrollen entzieht.

Alle diese Maßnahmen haben dazu beigetragen, dass der Euro innerhalb kurzer Zeit auf eine Geldwertstabilität zurückblicken kann, die es im historischen und globalen Maßstab so nicht gegeben hat. Anzumerken bleibt, dass die strikte Einhaltung der Konvergenzkriterien jedoch dazu geführt hätte, dass im Jahre 1999 nur die Länder Luxemburg und Frankreich den EURO hätten einführen dürfen. *Keim* weist auf die anfänglichen „Unehrlichkeiten" der einzelnen Staaten hin, die das Vertrauen auf eine transparente und nachvollziehbare Politik sowohl der EZB als auch rund um den Euro in der Öffentlichkeit beschädigten.[35] Besonders der Fall Griechenland, die durch Falschmeldungen über Haushalts

---

[32] Die Umstellung auf die gemeinsame Währung erfolgte am 1. Januar 1999 zuerst in den Ländern Belgien, Deutschland, Finnland, Frankreich, Irland, Italien, Luxemburg, Niederlande, Österreich, Portugal und Spanien. Zu diesen kamen am 1. Januar 2001 Griechenland, zum 1. Januar 2007 Slowenien, zum 1. Januar 2008 Malta und Zypern und zum 1. September 2009 die Slowakei hinzu.

[33] Vgl. Deutsche Bundesbank (2008a), S. 16 ff; Keim (2009), S. 65.

[34] Vgl. Deutsche Bundesbank (2008a), S. 49 ff.

[35] Vgl. Keim, M. (2009), S. 63.

defizit und Schuldenbestände nach Brüssel aufgefallen waren, ist in letzter Zeit Gegenstand vieler Diskussionen.

Die Rolle des ESZB

Im historischen Kontext hat sich die Europäische Union (EU) im Jahre 2000 mit der Lissabon-Strategie zudem das Ziel gesetzt innerhalb von 10 Jahren zum „...wettbewerbsfähigsten und dynamischsten wissensbasierten Wirtschaftsraum der Welt" zu werden. Auch wenn eine Schlüsselposition für dieses ehrgeizige Ziel die EFMI darstellt, wurde sie anfangs in dieser Strategie nicht berücksichtigt. Die EU erkannte jedoch die zentrale Bedeutung und nahm sie im Juli 2005 in der Neuformulierung der Lissabon-Strategie auf. Denn sind die Finanzmärkte in Europa nicht hinreichend integriert, bleibt eine wichtige Quelle für Wirtschaftswachstum und Wohlstand ungenutzt.[36] Ohne dem nächsten Kapitel zuvorzukommen sei an dieser Stelle bereits erwähnt, dass integrierte Finanzmärkte zu einer möglichst effizienten Ressourcenallokation sowie Umverteilung von Ersparnissen hin zu den profitabelsten Anlage- und Investitionsmöglichkeiten führen und somit zu einem höheren und nachhaltigen Wirtschaftswachstum.[37] Auch *Feldstein* und *Horioka* erkannten bereits früh, dass eine zunehmende FMI die grenzüberschreitenden Finanzströme zwischen den beteiligten Volkswirtschaften ansteigen lässt.[38] *Welfens* fasst die empirischen Befunde der gegenseitigen Wechselwirkung von FMI und Wirtschaftsentwicklung folgendermaßen zusammen:[39]

- im Rahmen von *Cross-Country*-Regressionen haben *Atje* und *Jovanovic*[40] sowie *Levine* und *Zervos*[41] eine positive signifikante Auswirkung der Aktienmärkte auf das Wachstum festgestellt und

---

[36] Vgl. Kilger, M. H. (2007), S. 4 f.
[37] Vgl. Kapitel 2.3.
[38] Feldstein, M.; Horioka, C. (1980), S.
[39] Vgl. Welfens (2009), S. 87.
[40] Vgl. Atje, R.; Jovanovic, B. (1993): Stocks Markets and Development, in: European Economic Review, Vol. 31, S. 632 – 640.
[41] Vgl. Levine, R.; Zervos, S. (1998): Stock Markets, Banks, and Economic Growth, in: American Economic Review, Vol. 88, S. 537 – 538.

- für die EU15-Länder konnte in der Analyse von Beckmann, *Eppendorfer* und *Neimke*[42] ein generell positiver Zusammenhang von FMI und Wirtschaftswachstum festgestellt werden.

Begründet wird das erstens damit, dass ein hinreichend integriertes Finanzsystem zur reibungslosen und wirksamen geldpoltischen Transmission im gesamten Euro-Währungsgebiet beiträgt. Zweitens ist ein integrierter Finanzmarkt in der EU Voraussetzung zur Erfüllung der Aufgabe der Finanzstabilitätsförderung durch das Eurosystem, da dieser Risikoteilungs- und Diversifizierungsmöglichkeiten verbessert sowie für eine erhöhte Liquiditätsversorgung auf den Finanzmärkten sorgt.[43] Diese Aussage lässt sich auch empirisch belegen. Die Deutsche Bundesbank untersuchte in einer Studie, ob durch finanzielle Integration in Europa die Möglichkeit besteht temporäre Schwankungen des Bruttoinlandprodukts in den Ländern des Euro-Währungsgebiets zu absorbieren und Auswirkungen auf die nationalen Konsumpfade zu begrenzen. Die Studie kam zu dem Ergebnis, dass ein höherer Anteil an ausländischen Wertpapieren bzw. eine geringe Höhe des *Home Bias* im Portfolio zur Glättung der Kapitalerträge und des Konsumpfades verhilft. Für Schuldverschreibungen, die in der Regel festverzinslich sind und in Europa weitestgehend von den Staatsanleihen dominiert werden, konnte kein statistisch signifikanter Zusammenhang festgestellt werden. Das Ergebnis liegt daher nahe, dass ein länderübergreifender Ausgleich nationaler Einkommenszyklen besser durch Aktien erreicht werden kann, weil diese im Gegensatz zu den festverzinslichen Schuldverschreibungen konjunkturabhängig sind.[44] Und Drittens ist das Ziel der FMI eng verbunden mit der Aufgabe des Eurosystems, nämlich das reibungslose Funktionieren der Zahlungsverkehrssysteme (Wertpapierclearing- und –abwicklungssysteme) sicherzustellen. Zusammenfassend will das ESZB „Fortschritte erzielen auf dem Weg

---

[42] Vgl. Beckmann, R.; Eppendorfer, C.; Neimke, M. (2001): Europäische Finanzmarktintegration und Wirtschaftswachstum, Institut für Europäische Wirtschaft der Ruhr-Universität Bochum, Nr. 35, Mimeo.

[43] Vgl. dazu auch die erhöhte Gefahr durch grenzüberschreitende Ansteckungseffekte (Contagion) in Kapitel 3.1.3.

[44] Vgl. Deutsche Bundesbank (2009), S. 46 f.

zu einem gemeinsamen euroraumweiten Finanzmarkt, an dem alle potenziellen Marktteilnehmer

a) einheitlichen Regeln unterliegen, wenn sie sich für den Kauf oder Verkauf der zugrunde liegenden Finanzinstrumente oder –dienstleistungen entscheiden,

b) zu den gleichen Finanzinstrumenten oder –dienstleistungen gleichen Zugang haben und

c) beim Agieren auf dem Markt einheitlich behandelt werden."[45]

Um die oben genannten Ziele zu erreichen kann das Eurosystem im Rahmen seiner Zentralbankaufgaben und seiner Rolle als aktiver Marktteilnehmer Maßnahmen zur Förderung der FMI ergreifen. Die untenstehende Tabelle fasst bedeutende Schlüsselbeispiele zur Förderung der FMI in Europa durch das Eurosystem zusammen.[46]

Gebiet	Hauptziele und Entwicklungsstand
Vertiefung des Wissens, Bewusstseinsbildung und Überwachung der erzielten Fortschritte	
Jährlicher Bericht der EZB mit dem Titel „Financial integration in Europe"	Erstmals im Jahr 2007 veröffentlicht, um über den Stand der FMI in Europa zu informieren, die Weiterentwicklung zu fördern und das Bewusstsein der Öffentlichkeit für die unterstützende Rolle des Eurosystems im Integrationsprozess zu schärfen.
Entwicklung von Indikatoren für die FMI im Euro-Währungsgebiet	Der erste Satz von Indikatoren wurde 2005 veröffentlicht, um den Stand der FMI im Euro-Währungsgebiet zu beurteilen und zu überwachen. Seither werden diese Indikatoren halbjährlich aktualisiert und erweitert. Gegenwärtig werden weitere Verbesserungen vorgenommen.
Beratung hinsichtlich des legislativen und regulatorischen Rahmens	
Gesamtstrategie für die Finanzdienstleistungspolitik der EU	Entwicklung und Umsetzung a) des Aktionsplans für Finanzdienstleistungen von 1999 zur Aktualisierung und Verbesserung des aufsichtsrechtlichen Rahmens der EU und b) der entsprechenden Folgestrategie für den Zeitraum 2005–10. Die Umsetzung dieser Strategie ist noch nicht abgeschlossen.
Institutioneller Rahmen der EU zur Regulierung und Beaufsichtigung der Finanzmärkte	Sicherstellung des reibungslosen Funktionierens des Lamfalussy-Verfahrens. Eine erste vollständige Überprüfung des Lamfalussy-Verfahrens wurde 2007 abgeschlossen; gegenwärtig werden Folgemaßnahmen entwickelt.
Wertpapierclearing- und -abwicklungsinfrastruktur in der EU	Erreichung einer integrierten, sicheren und effizienten Marktinfrastruktur im Nachhandelsbereich und Beseitigung von Hindernissen bei grenzüberschreitenden Transaktionen. Zahlreiche laufende Initiativen, z. B. die Entwicklung eines gemeinsamen Rahmens für die Regulierung, Aufsicht und Überwachung der Wertpapierclearing- und Wertpapierabwicklungssysteme (ESZB

---

[45] Vgl. EZB (2008a), S. 113.

[46] Vgl. die jährlich erscheinenden EZB-Publikation „Financial integration in Europe" für umfassendere Informationen.

	– CESR).
Wahrnehmung einer Katalysatorfunktion für Aktivitäten des privaten Sektors	
Einheitlicher Euro-Zahlungsverkehrsraum (SEPA – Single Euro Payments Area)	Initiative zur Verwirklichung eines vollständig integrierten Marktes für Massenzahlungen im Euroraum ohne Unterscheidung zwischen grenzüberschreitenden und nationalen Zahlungen ab 2010. Der offizielle Start von SEPA erfolgte im Januar 2008.
Initiative für kurzfristige Wertpapiere (STEP – Short-Term European Paper)	Zielt darauf ab, dass mittels freiwilliger Einhaltung einiger wichtiger gemeinsamer Standards durch die Marktteilnehmer ein europaweiter Markt für kurzfristige Papiere entsteht. Der Start des STEP-Markts erfolgte im Juni 2006.
Euro Overnight Index Average (EONIA)	Einführung eines Referenzzinssatzes für unbesicherte täglich fällige Interbankeinlagen. Seit 1999 fortlaufend berechnet.
Bereitstellung von Zentralbankdienstleistungen zur weiteren Integration der Finanzmärkte in Europa	
TARGET und TARGET2	1999 Einführung von TARGET, einer Dienstleistung des Eurosystems für die Echtzeit-Bruttoabwicklung von Großbetragszahlungen im Euro-Währungsgebiet; Wechsel auf eine technische Gemeinschaftsplattform durch die Einführung von TARGET2 im Jahr 2007
TARGET2-Securities	2006 gestartete Initiative des Eurosystems zur Bereitstellung einer Gemeinschaftsplattform für die Wertpapierabwicklung in Zentralbankgeld innerhalb Europas. Die endgültige Entscheidung über das Projekt wird Mitte 2008 getroffen.
Korrespondenzzentralbank-Modell (CCBM – Correspondent Central Banking Model)	1999 eingeführtes Modell für die grenzüberschreitende Übertragung von Sicherheiten innerhalb des Eurosystems, bei dem NZBen als „Korrespondenten" füreinander und für die EZB fungieren. Seit 2007 besteht eine Initiative für eine Gemeinschaftsplattform (CCBM2).

Tabelle 1: Bedeutende Aktivitäten des Eurosystems zur Förderung der FMI (Stand 2008)[47]

Die Rolle des Financial Services Action Plan und des Lamfalussy-Prozesses

Der Financial Services Action Plan (FSAP) ist ein wichtiger Bestandteil der Lissabon-Strategie aus dem Jahr 2000. Die Ziele des FSAP beinhalten die vollständige Integration der Kapitalmärkte und des Großkundengeschäfts, die Schaffung offener und sicherer Privatkundenmärkte und zusammen mit dem Lamfalussy-Prozess eine Neugestaltung der Struktur und Organisation der Finanzdienstleistungsaufsicht in Europa zu erreichen. Da der FSAP aus über 40 Einzelmaßnahmen besteht, wurde mit dem Lamfalussy-Prozess im Jahre 2002 ein Weg geschaffen das Gesetzgebungsverfahren zu beschleunigen, um damit die vorher bestandenen uneinheitlichen Umsetzungen der europäischen

---

[47] Quelle: EZB (2008a), S. 115 f.

Vorgaben auf nationaler Ebene zu eliminieren. Mit dem Lamfalussy-Bericht aus dem Jahr 2001 wurden die Notwendigkeit stärker integrierter Finanzmärkte und die Mängel des bis dahin bestehenden Regulierungssystems beleuchtet.[48]

2.3 Ökonomische Effekte einer Finanzmarktintegration auf die teilnehmenden Volkswirtschaften

Levine zeigt auf, dass die ökonomische Theorie nicht vollständig von einem positiven Zusammenhang zwischen verstärkter Integration nationaler Finanzmärkte und höherer gesamtwirtschaftlicher Dynamik ausgeht.[49] Während bspw. der Nobelpreisträger und Co-Autor des „Modigliani-Miller-Models"[50] *Miller* folgende Aussage machte: „...the idea...that financial markets contribute to economic growth is a proposition too obvious for serious discussion"[51], argumentieren Vertreter des anderen Extrems wie *Robinson* folgendermaßen: „...where enterprise leads finance follows."[52] Aus der Robinsons Perspektive gesehen löst die Finanzwirtschaft keinen Wachstum aus, sondern reagiert lediglich auf die Änderungen der Erfordernisse bzw. Ansprüche aus dem Realen Sektor.[53] Gemessen am Wachstum und Arbeitslosigkeit spricht *Eatwell* sogar von einer seit 1960 anhaltenden Verschlechterung der ökonomischen Effizienz, bedingt durch die freie internationale Kapitalbewegung.[54] Eine Zusammenfassung der Chancen und Risiken einer FMI wird in Abbildung 3 gezeigt.

Die kontroverse Diskussion in der Fachwelt führt zu der Frage, welche positiven Effekte aus einer FMI zu erwarten und welche Probleme damit verbunden sind. Im Folgenden werden daher die theoretisch positiven ökonomischen Effekte sowie die Probleme eines supranationalen Kapitalmarktes aufgezeigt.

---

[48] Vgl. Kilger, M. H. (2007), S. 112 und 153 – 154.
[49] Vgl. Levine, R. (2004), S. 1 f.
[50] Modigliani, F.; Miller, M. H. (1958): The Cost of Capital, Corporate Finance and the Theory of Investment, in: American Economic Review, Vol. 48, S. 261 - 297.
[51] Miller, M. H. (1998), S. 14.
[52] Robinson, J. (1952), S. 86.
[53] Vgl. Levine, R. (2004), S. 1.
[54] Vgl. Eatwell, J. (1997), S. 2.

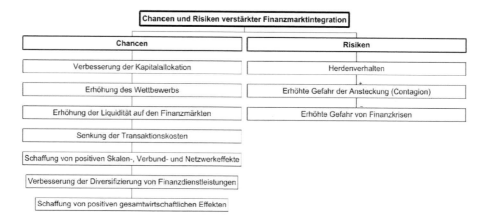

Abbildung 3: Chancen und Risiken einer FMI[55]

2.3.1 Theoretischer Nutzen einer Finanzmarktintegration

Die internationale Risikodiversifizierung

Zunächst sei festgehalten, dass Unsicherheit Risiko impliziert. In dieser Hinsicht bietet der Weltkapitalmarkt den Staaten erweiterte Diversifikationsmöglichkeiten.[56] Durch geeignete internationale Risikoteilung können länderspezifische Einkommensrisiken (Unsicherheiten) verringert werden.[57] Voraussetzung ist ein vollständiger Markt im Sinne von *Arrow* und *Debreu*, in dem jedes länderspezifische Konsumrisiko versichert werden kann. Gilt diese Annahme, so besteht für jeden denkbaren „...Umweltzustand ein handelbares Finanzaktivum („Arrow-Debreu-Asset")...", welches immer genau dann eine Auszahlung produziert, wenn der oben genannte Umweltzustand eintritt.[58] Ein solcher (Umwelt-) Zustand wird von *Sket* als eine mögliche Ausprägung eines Zufallsprozesses, an dessen Eintreten des Zustands eine Auszahlung (bspw. Versicherungssumme) geknüpft ist, beschrieben. Solange ein solcher Schock nicht dauerhaft auftritt,

---

55 Quelle: Schrooten, M. (2005), S. 10 - 11 und eigene Darstellung.
56 In Anhang 2 wird ein Modell zur Portfoliodiversifizierung entwickelt.
57 Vgl. Eijffinger, S.; Wagner, W. (Hrsg.) (2001).
58 Vgl. Arrow, K. (1953), S. 91 – 96; Eichberger, J.; Harper, I. R. (1997), S. 99

unterstützt der Weltkapitalmarkt die Glättung der Konsumprofile einzelner Länder und führt somit zu einer effizienten internationalen Risikoteilung.[59]

Um eine der Hauptfunktionen des Weltkapitalmarkts, nämlich die Bündelung von Risiken, darzustellen, soll ein einfaches Modell nach *Obstfeld* und *Taylor* vorgestellt werden. Es soll eine einperiodige Welt angenommen werden, dessen Wirtschaft von n-Länder repräsentiert und jedes von einem Handelsvertreter i bewohnt wird. Das Land bzw. der Handelsvertreter i produziert dabei eine zufällige Menge Y_i eines einzelnen homogenen Guts, wobei alle i, Y_i den Mittelwert μ und die Varianz σ^2 haben und die nationalen *Output*-Mengen untereinander nicht korrelieren. Findet in dieser Modellwelt kein Handel statt, so hat jeder Handelsvertreter i ein Konsumniveau von C_i (Konsum) $= Y_i$ (Einkommen) bei einer Varianz von σ^2 für den jeweiligen Konsum. Annahmegemäß sollen die Individuen nun auf einem internationalen Markt am Anfang der Periode Besitzanteile für das jeweilige nationale Gut handeln, bevor die zufällige Menge des nationalen Guts produziert wird. Jeder Handelsvertreter i wird nun einen Bruchteil der Forderung $(N-1)/N$ auf die heimische Produktion an Handelsvertreter anderer Länder verkaufen. Die Einkünfte aus diesem Geschäft nutzt jeder um seinerseits einen Bruchteil der Forderung $(1/N$ *aus* Y_j, *für alle* $j \neq i)$ anderer Handelsvertreter zu kaufen. Als Folge dieses Handelns erhält jeder Handelsvertreter i, die nun alle den gleichen Investitionsfonds halten, den Ausgleichsbetrag $\sum_{i=1}^{N} Y_i / N$. Diese Ausgleichszahlung wiederum entspricht C_i für alle Länder i. Der Entscheidende Unterschied ist aber nun, dass die Varianz des Konsumniveaus für jedes Land bzw. jeden Handelsvertreter nur noch σ^2 / N beträgt, was deutlich geringer ist als ursprünglich σ^2 ohne Außenhandel (also unter Autarkie).[60]

Die Auswirkungen des Handelns und damit die Konsumglättung soll in Abbildung 4 grafisch dargestellt werden. In dieser einfachen Welt existieren zwei Länder (A und B) und es können zwei Umweltzustände eintreten (1 und 2). Der

---

[59] Vgl. Sket, M. (2002), 257.
[60] Vgl. Obstfeld, M.; Taylor, A. M. (2004), S. 6 f.

Konsum eines homogenen Guts ist der einzige Parameter in der Nutzenfunktion. Land A ist im Ausgangszeitpunkt *E* verhältnismäßig gut ausgestattet mit

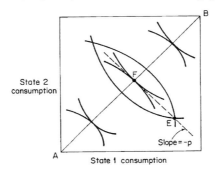

Abbildung 4: Pareto-Optimum in einer Welt mit zwei Teilnehmern und zwei Gütern[61]

Zustand-1 Konsum und Land B mit Zustand-2 Konsum, wobei Zustand-1 vorteilhafter für Land A ist und Zustand-2 vorteilhafter für Land B ist. Unterliegen die Finanzmärkte nun keinen Handelsbeschränkungen, d.h. sind sie integriert, so exportiert Land A und Land B importiert Besitzanteile, die den Zustand-1 verbriefen. Um diesen Handel auszugleichen importiert Land A und Land B exportiert Besitzanteile, die den Zustand-2 verbriefen. Dieser Vorgang wird sich nun so oft wiederholen, bis sich beide Länder im Punkt *F* befinden und somit das Pareto-Optimum erreicht haben. An diesem Punkt haben beide Länder ihren Nutzen maximiert und keiner kann mehr besser gestellt werden ohne dass der andere schlechter gestellt würde. Der Nutzenzufluss (Nutzengewinn) drückt sich in einer geringeren Variabilität des Konsums aus, da länderspezifische Risiken in vollständig integrierten Märkten wegdiversifiziert werden können.[62] Dieser Ausgang spiegelt das klassische Prinzip des komparativen Vorteils wieder der besagt, dass jenes Gut mit dem geringeren Autarkiepreis[63] exportiert wird.[64] Anders ausgedrückt bedeutet die Theorie des komparativen Vorteils, die auf der Ricardo-Theorie und der neoklassischen Weiterentwicklung des Modells dem

---

[61] Quelle: Obstfeld, M. (1994), S. 76.
[62] Vgl. Obstfeld, M. (1994), S. 7.
[63] Findet kein Außenhandel statt (also unter Autarkie) verursachen die inländischen Preise ein Gleichgewicht auf dem inländischen Markt (Autarkiepreis).
[64] Vgl. Svensson, L. E. O. (1988), S 2 - 5.

Hekscher-Ohlin-Theorem basiert, dass der Handel zwischen zwei Ländern immer dann vorteilhaft ist, wenn die Handelspartner unterschiedliche Kostenstrukturen aufweisen.[65] Ein Land verfügt demnach dann bei der Herstellung eines Gutes über einen komparativen Vorteil, wenn die Opportunitätskosten für die Herstellung dieses Produkts, ausgedrückt in anderen Gütern, im Inland niedriger sind als im Ausland.[66]

***Intertemporaler Handel*[67]**

Die Risikoteilungsfunktion der Kapitalmärkte verbessert die Allokation der verfügbaren Ressourcen unter den verschiedenen Ländern der Welt. Die Kapitalmärkte verteilen im Zeitablauf Ressourcen so um, dass die Leistungskraft einzelner Volkswirtschaften erhöht wird und Länder den Konsum glätten können. In einer risikolosen Welt werden daher arme und instabile Länder Kapital aus dem Weltkapitalmarkt beziehen wollen, um den heimischen Konsum zu stützen. Die Kredite werden dann später aus den erwarteten höheren Produktionsmengen bedient. Die Möglichkeit der Kreditaufnahme kann somit eine niedrigere Variabilität des Konsums bewirken, was hingegen in einer Autarkie nicht möglich wäre.[68]

Auf den Fall der Risikoteilung bezogen, kann ein Land mit reichlich Investitionsmöglichkeiten auf dem heimischen Markt aber geringer Sparquote den Weltkapitalmarkt nutzen, um die eigenen Investitionsmöglichkeiten zu erschließen und ohne der Gefahr ausgesetzt zu sein kurzfristige Konsumrückgänge zu erleiden. Im umgekehrten Fall können Länder mit hoher Sparquote aber geringen Investitionsmöglichkeiten auf dem heimischen Markt den Weltkapitalmarkt nutzen, um eine höhere Rendite zu erzielen als auf dem heimischen Markt. Dieses Beispiel macht deutlich, dass sowohl Kreditnehmer als auch Kreditgeber profitieren, solange Kapital der produktivsten Verwendung zugeführt wird. In der

---

[65] Vgl. Borchert, M. (1972), S. 529 ff.
[66] Vgl. dazu ausführlich Krugman, P. R.; Obstfeld, M. (2009), Kapitel 3 und 4, S. 57 – 85 und S. 91 – 124.
[67] Unter intertemporalen Handeln versteht man das Handeln von Gütern heute für Güter morgen, d.h. Tausch von gegenwärtigem gegen zukünftigen Konsum. Ein solcher Fall ist bspw. der importiert von Waren und die Bezahlung dieser Waren mit den Erträgen aus dem Export aus einem anderen Zeitraum, sei es früher oder später. Vgl. dazu ausführlich Krugman, P. R.; Obstfeld, M. (2009), Kapitel 7, S. 215 – 237 und 243 – 248.
[68] Vgl. Obstfeld, M.; Taylor, A. M. (2004), S. 8 - 9.

34

Theorie ist dieser Prozess durch einen starken Kapitalfluss von reich zu arm gekennzeichnet.[69]

Herrscht in der Welt Unsicherheit, so können Länder die bspw. an einem vorübergehenden Ernteausfall leiden die Auswirkungen minimieren, indem sie sich am internationalen Kapitalmarkt Geld leihen bis das zufällig eingetretene Ereignis vorüber ist. Hingegen würden alle Länder im Falle eines vollständigen (Kapital-) Marktes ihre Outputrisiken auf den globalen Versicherungsmarkt auslagern und ein zufälliges Ereignis wie ein Ernteausfall, würde keinerlei Auswirkungen auf das nationale Einkommen haben bzw. keine Kreditaufnahme oder Kreditvergabe auslösen.[70]

Überwachungsfunktion liberaler Kapitalmärkte

Liberale Kapitalmärkte erfüllen zudem den Zweck der Überwachung von Regierungen. Kann die Regierung den Kapitalfluss nicht kontrollieren, so wird sich schnell eine Kapitalflucht einstellen, wenn die Regierung eines Landes eine zu stark expansive Geld- oder Fiskalpolitik verfolgt oder aber nachlässige Finanzpraktiken nationaler Finanzintermediäre toleriert.[71] Sind einzelne Länder nicht in der Lage eine Art Selbstkontrolle zu praktizieren weil sie politisch noch zu unausgereift sind, so wird der internationale Kapitalmarkt darauf reagieren. Die Angst vor einer Kapitalflucht und höheren Zinsen für die Kapitalbeschaffung wird in der Regel den öffentlichen Sektor davon abhalten ein zu hohes Defizit zu produzieren, während die Reaktion der Wechselkurse auf Investorerwartungen und Zinssätze eine inflationäre Geldpolitik einschränkt.[72] *Friedman* sagte als Reaktion auf die Herabstufung Indiens[73] als Investmentstandort durch Standard and Poor's und Moody's, dass dies „viel effektiver sei als jede Sanktion seitens der USA. Die Herabstufung wird zu erhöhten Kosten bei der Kapital

---

[69] Vgl. dazu das Lucas-Paradoxon in Kapitel 3.2.1.
[70] Vgl. Obstfeld, M.; Taylor, A. M. (2004), S. 9.
[71] Wie später in Kapitel 3.2 gezeigt wird, hat in der Praxis die Überwachungsfunktion liberaler Kapitalmärkte im Falle der USA versagt.
[72] Vgl. Obstfeld, M.; Taylor, A. M. (2004), S. 10.
[73] Die Herabstufung Indiens war bedingt durch die Atomtests des Landes.

beschaffung für jedes indische Unternehmen führen und für die indische Regierung, wenn diese Geldmittel aus dem Ausland benötigt."[74]

2.3.2 Die Probleme eines offenen Kapitalmarktes in der Praxis

In der Praxis sind die vorher vorgestellten theoretischen Vorteile eines integrierten Kapitalmarktes nicht exakt wiederzufinden. Die Überwachungsfunktion der offenen Kapitalmärkte ist oftmals nur unzureichend, um das Fehlverhalten von Institutionen und oder Politik einzudämmen. Teilweise toleriert der Kapitalmarkt widersprüchliche Politiken zu lange um dann überstürzt zu reagieren. So haben die undurchsichtigen Praktiken vieler Finanzinstitute und die stark expansive Geldpolitik der USA nicht zu einer Kapitalflucht geführt. Es kommt aber auch vor, dass der Kapitalmarkt nicht immer die Verursacher bestraft. So fragen *Kremer* und *Jayachandran* berechtigterweise, ob bspw. eine demokratische Nachfolgeregierung für die Schulden eines vorher diktatorisch geführten Staates aufkommen muss, wenn die Bürger bei der Ausgabe von Schuldscheinen nicht gefragt wurden bzw. dadurch nicht profitierten.[75]

Schwierige Durchsetzbarkeit von internationalen Forderungen

Ein weiterer Punkt ist das Problem der internationalen Durchsetzbarkeit von Verträgen. Die Durchsetzbarkeit von Verträgen, die auch im Inland eine große Rolle spielt, wird zu einer großen Herausforderung bei Verträgen zwischen Parteien, die in verschiedenen Ländern ansässig sind. Jedoch kann der Staat auf die nationalen Kreditnehmer einwirken und so eine Erfüllung der Verträge mit Ausländern bewirken. Der Staat kann auch die Schulden seiner Bewohner übernehmen und sie so zu Staatsschulden machen.[76]

Die Herausforderung wird aber umso größer, wenn es sich bei einer der Parteien um den Staat selbst handelt. Die Rechtsmittel dürften in so einem Fall beschränkt sein. Ein ebenso großes Problem von Verträgen besteht in der Informationsasymmetrie, die zwischen Vertragsparteien vorherrschen kann, insbe-

---

[74] Vgl. Friedmann, T. L. (1998), S. A19.
[75] Vgl. Kremer, M.; Jayachandran (2002), S. 5 ff.
[76] Vgl. dazu Anhang 4: Modell zur Entstehung von Moral Hazard bei Existenz einer Depositenversicherung und Kapitel 3.1.2.

sondere wenn es sich dabei um grenzüberschreitende Verträge handelt. Eine grenzüberschreitende Überwachung gestaltet sich schwierig aufgrund verschiedener Rechnungslegungsstandards, unterschiedlicher Rechtsordnungen und diversen anderen Faktoren. Folglich können sowohl die problematische Durchsetzung internationaler Verträge sowie Informationsasymmetrien die möglichen Gewinne aus dem internationalen Handel beeinträchtigen.[77]

Verlust der politischen Selbständigkeit und „Race-to-the-bottom"

Ein offener Finanzmarkt kann Konflikte mit der nationalen Geld- und Fiskalpolitik verursachen. Dieser Fall tritt bspw. dann ein, wenn einzelne Nationen versuchen durch Fiskalpolitik ausländisches Kapital in das Inland zu holen um im internationalen Steuerwettbewerb bestehen zu können. Kann der Staat als Folge dieser Maßnahmen wichtige Aufgaben wie die der Daseinsvorsorge (immaterielle und materielle Infrastruktur) nicht mehr durch das Steueraufkommen decken so verliert dieser an Gestaltungsspielraum. Steuererhöhungen würden bei vollständiger Kapitalmobilität[78] zu Kapitalflucht ins Ausland führen. Der Staat muss um weiterhin wettbewerbsfähig zu bleiben wichtige Aufgaben, wie die der Sozialversorgung seiner Bürger, auf die Arbeit umwälzen oder aber diese reduzieren um eine Steuererhöhung zu vermeiden bzw. eine Steuersenkung realisieren zu können.[79] Aufgrund dieser Tatsache stellt sich unvermeidlich ein „schädlicher" Steuerwettbewerb ein, der zu einer Abwärtsspirale der Besteuerung von Kapital unter den beteiligten Nationen führen kann. Es kommt zu einem „Race-to-the-bottom", d.h. ein Wettbewerb der Standards nach unten der für alle Beteiligtet Nationen schädlich ist. Die Geldpolitik in Verbindung mit offenen Kapitalmärkten stellt ebenfalls ein Problem dar. Da dieses aber inhaltlich

---

[77] Vgl. Obstfeld, M.; Rogoff, K. S. (1998), S. 349 – 421; Obstfeld, M.; Taylor, A. M. (2004), S. 10 – 11.

[78] Die Freizügigkeit des Kapitals ist nach Obstfeld (1994) folgendermaßen definiert: „Capital is freely mobile within a multi-country region when its residents face no official obstacles to the negotiation and execution of financial trades anywhere and with anyone within the region, and face transaction costs that are no greater for parties residing in different countries than for parties residing in the same country (…) and national authorities do not interpose themselves between transaction partners from different countries, other than through the provision of a nationality—blind legal framework for contract enforcement". Obstfeld, M. (1994), S. 2.

[79] Vgl. Obstfeld, M.; Taylor, A. M. (2004), S. 12.

besser zum „Trilemma der Währungspolitik" passt, soll dies im nächsten Absatz diskutiert werden.

Das Trilemma der Währungspolitik

In Abbildung 5 wird unter der Annahme, das nur ein Parameter die internationale Kapitalmobilität oder die Integration des Weltkapitalmarkts darstellen kann, eine Grafik gezeigt, die das Ausmaß der Kapitalmobilität oder der Integration des Weltkapitalmarkts über die letzten Jahrzehnte darstellt. In diesem Abschnitt soll daher der Frage nachgegangen werden, was für die sehr hohe Kapitalmobilität bis zum Jahr 1914, den abruptem Zusammenbruch in der Zwischenkriegszeit und dem langsamen Wiederaufbau des Weltkapitalmarkts in der Nachkriegszeit verantwortlich war bzw. was die U-Form der Kurve erklärt. Die Antwort sehen *Obstfeld* und *Taylor* eng verbunden mit der Wahl der nationalen Wechselkursregime.[80] Wechselkurse spielen eine entscheidende Rolle und haben selbst auf die größte Volkswirtschaft USA signifikante Auswirkungen. Aufgrund der Wichtigkeit des Wechselkurses spielt dieser in den meisten Ländern der Welt eine zentrale Rolle bei der Gestaltung der Geldpolitik. Ein einfaches Beispiel zur näheren Erörterung des Problems liefert Dänemark. Das Land

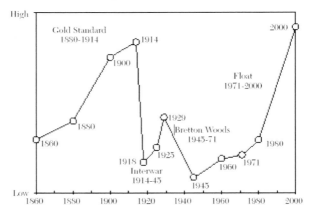

Abbildung 5: Die Kapitalmobilität in der neueren Geschichte[81]

---

80 Vgl. dazu ausführlich Obstfeld, M.; Taylor, A. M. (1998).
81 Quelle: Obstfeld, M.; Taylor, A. M. (2004), S. 28.

stimmte gegen die Einführung des EURO und verblieb im Wechselkursmechanismus II[82] (WKM II). Dänemark verankerte einen Leitkurs von 7,46038 DKK/EUR bei einer maximal erlaubten Schwankungsbreite von ± 2,25 %. Arbitrageure treten auf so einem Markt vermehrt auf und verursachen durch die massiven Kapitalbewegungen eine stetige Anpassung des nominellen Zinssatzes Dänemarks an den des Euroraums. Sie leihen massiv Geld im Niedrigzinsgebiet und verleihen es im Hochzinsgebiet. Da der Wechselkurs innerhalb der o.g. Bandbreite fixiert ist und die Dänische Zentralbank daher stets für eine Einhaltung der Bandbreite sorgt, tragen Arbitrageure kein Wechselkursrisiko (siehe Abbildung 6 links).

Während ein Zinsvorsprung von 2,5 % im Eurogebiet massive Kapitalbewegungen aus dem dänischen Raum in den Euroraum bewirken würde, wäre dieser Vorsprung bspw. gegenüber dem US-amerikanischen Raum aufgrund der hohen Unsicherheit bei flexiblen Wechselkursen (siehe Abbildung 6 rechts), kein wichtiger Grund für einen amerikanischen Investor massive Kapitalbeträge in den Euro-Raum zu transferieren.

Die verursachte Gleichheit der Zinssätze zwischen Dänemark und dem Eurogebiet impliziert, dass Dänemark keine unabhängige Geldpolitik von der EZB betreiben kann, da sowohl der Wechselkurs als auch der Zinssatz exogen vorgegeben sind. Die Dänische Zentralbank hat damit nur noch die Aufgabe der Überwachung des Wechselkurses innerhalb der Spannbreite und ggf. bei Abweichungen ausgleichend einzugreifen, indem Euroreserven ge- oder verkauft werden. Eine unabhängige Geldpolitik könnte Dänemark theoretisch auf zwei Wegen erreichen. Zum einen kann die dänische Regierung den grenzüberschreitenden Kapitalverkehr verbieten, was zu einer Abkoppelung des heimischen nominellen Zinssatzes von dem der EZB führen würde. Dänemark könnte nun eine einseitige Zinssenkung vornehmen ohne eine Kapitalflucht befürchten zu müssen. Das Ziel stabiler Wechselkurse kann jedoch weiter verfolgt werden. Die verstärkte Nachfrage nach Euros auf dem Devisenmarkt durch däni-

---

[82] Der Wechselkursmechanismus II bildet den Rahmen für die wechselkurspolitische Zusammenarbeit zwischen den Euro-Ländern und den EU-Mitgliedstaaten, die nicht an der dritten Stufe der Wirtschafts- und Währungsunion (WWU) teilnehmen. Quelle: EZB (2009b), S. XX.

sche Importeure und Exporteure aus dem Eurogebiet nach Dänemark, die mit Dänischer Krone bezahlen und diese nun in ihre Heimatwährung tauschen wollen, würde relativ gering ausfallen. Die durch diesen Handel verstärkte Nachfrage nach Euros, kann die Dänische Zentralbank leicht durch den Verkauf von eigenen Euroreserven kompensieren um den Wechselkurs stabil zu halten.

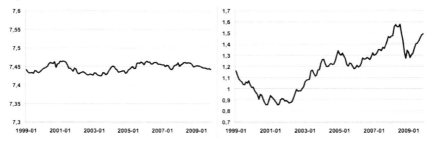

Abbildung 6: DKK/EUR-Wechselkursentwicklung im WKM II (links) und USD/EUR Wechselkurs (rechts)[83] (Monatsdurchschnitte)

Auf der anderen Seite könnte Dänemark die Kapitalfreiheit wahren und dafür aber den fixierten DKK/EUR-Wechselkurs aufgeben. Dänemark wäre nun frei eine Abwertung der Dänischen Krone gegenüber dem Euro mittels einseitiger Zinssenkungen zu bewirken. Beides würde die Nachfrage nach dänischen Produkten im Euroraum erhöhen und somit die internationale Wettbewerbsfähigkeit verbessern.[84] Abbildung 7 zeigt noch einmal zusammenfassend eine schematische Aufstellung der drei o.g. Ziele (Ecken des Dreiecks), mit denen sich jedes Land der Welt konfrontiert sieht. Wie oben im Beispiel gezeigt, können jedoch jeweils immer nur zwei Ecken des Dreiecks gleichzeitig realisiert werden. Ein offener Kapitalmarkt erlaubt also nicht die simultane Erreichung der Ziele stabiler Wechselkurs und autonome Geldpolitik. Die an den Seiten gezeigten politi-

---

[83] Neben Dänemark sind auch die Währungen der Staaten Estland (Estnische Krone), Lettland (Lettischer Lats) und Litauen (Litas) im WKM II. Diese Länder haben im Unterschied zu Dänemark eine maximal erlaubte Schwankungsbreite von ±15 %. Quelle: EZB (2009b), S. 70, Eurostat und eigene Darstellung.

[84] Solche Maßnahmen kann das hoch verschuldete Griechenland nicht ergreifen, da in der Währungsunion allein die EZB geldpolitische Maßnahmen ergreifen kann.

schen Systeme Currency Board,[85] Kontrollen des Kapitalverkehrs und Flexibler Wechselkurs stehen jeweils im Einklang mit den beiden Zielen an ihren Eckpunkten.[86]

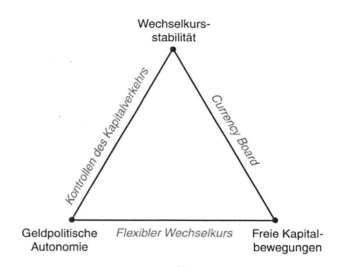

Abbildung 7: Das währungspolitische Trilemma[87]

---

[85] Ein „Currency Board" (Währungsamt) ist eine monetäre Institution, die Basisgeld (M_0) nur im Austausch gegen ausländische Devisen schaffen kann. Sie fixiert den Wechselkurs der nationalen Währung zu einer ausländischen Reservewährung und strebt dabei vollständige Substitutionalität zwischen Inlandswährung und ausländischer Ankerwährung an. „Currency Bords" sind durch die Tatsache charakterisiert, dass die gesamte heimische monetäre Basis durch ausländische Währungen gedeckt wird (orthodoxes Currency Board System bzw. bei geringeren Deckungsgraden unorthodoxes Currency Board System) und somit die Zentralbank keine Inlands-Aktiva hält. Bei einem spekulativen Angriff auf den Wechselkurs können somit der Zentralbank niemals die Währungsreserven ausgehen. Vgl. Krugman, P. R.; Obstfeld, M. (2009), S. 845 – 847; Aschinger, G. (2001), S. 125 f.

[86] Vgl. Obstfeld, M.; Taylor, A. M. (2004), S. 29 -31.

[87] Quelle: Krugman, P. R.; Obstfeld, M. (2009), S. 851.

3 Ursachen und Ausbreitung der transatlantischen Bankenkrise

Die Bank for International Settlements (BIS) bezeichnete das Finanzsystem als das „Leistungsnetz der Volkswirtschaft".[88] Das heutige moderne Wirtschaftssystem ist sehr stark vom Funktionieren dieses Finanzsystems abhängig. Um ein solch wichtiges System zu sichern, wurde ein umfangreiches Sicherheitsnetz gespannt wie Einlagensicherungs- und Anlegerschutzbestimmungen (*Bail out*) sowie Aufsichts- und Regulierungsinstanzen und selbst bei Liquiditätsengpässen würden die Zentralbanken als *Lender of Last Resort* zusätzliche Mittel zur Verfügung stellen. Über die Rolle des *Lender of Last Resort* schreibt Fischer: „The role of the lender of last resort is to offer an assurance of credit, given under certain limited conditions, which will stop a financial panic from spreading-or better still, stop it from even getting started."[89] Das Finanzsystem erlebt jedoch trotz dieser Menge von Sicherheitsvorkehrungen eine der stärksten Finanzmarktturbulenzen seit Jahrzehnten. In Kapitel 3.1 sollen zahlreiche Modelle, die zur Klärung von Währungs- und Finanz-/Bankenkrisen beitragen, vorgestellt und kritisch beurteilt werden. Anschließend werden die vielen Schwachstellen, die letztendlich zur transatlantischen Bankenkrise führten, identifiziert werden.

3.1 Theoretische Erklärungsmodelle

Zum Bereich der Währungs- und Finanz-/Bankenkrisen sind im Laufe der Zeit mehrere Modelle in der Fachliteratur vorgestellt und diskutiert worden.[90] Die Kriterien Entstehungszeit der zu erklärenden Währungs- und Finanz-/Bankenkrise und zugrunde gelegte Annahmen der Krisenmodelle haben dazu geführt, dass sich heute die Unterscheidung zwischen Krisenmodelle der ersten, zweiten und dritten Generation durchgesetzt hat. Die Modelle der ersten

---

[88] Vgl. BIS (2009), S. 3.

[89] Fischer, S. (2002): S. 492.

[90] Eine Währungskrise besteht, wenn der fixe Wechselkurs aufgegeben werden muss und infolgedessen ein hohe Abwertung der heimischen Währung erfolgt. Eine Währungskrise ist auch dann gegeben, wenn die Regierung (agiert durch die Zentralbank) den Abwertungsdruck nur mit starken Zinserhöhungen, der Einführung von Kapitalverkehrskontrollen und/oder durch erheblichen Einsatz von Währungsreserven verhindern kann.
Vgl. Lutz, A. (2009), S. 213.

und zweiten Generation sind überwiegend makroökonomischer Natur, die weiterführenden Modelle der dritten Generation dagegen stärker mikrofundiert. Seit dem Ausbruch der Asienkrise 1997/98 werden auch Währungs- und Finanz-/Bankenkrisen als zusammenhängende Ereignisse betrachtet.

Als erstes werden die wichtigen Faktoren Spekulative Blasen, Informationsasymmetrien, *Contagion* und Herdenverhalten, die alle maßgeblich zur Entstehung von Krisen beitragen und auch zur Entstehung der transatlantischen Bankenkrise beitrugen, vorgestellt. Anschließend sollen verschiedene Modelle, die zur Erklärung von Währungs- und Finanz-/Bankenkrisen entwickelt worden sind, vorgestellt und kritisch beurteilt werden. Der mathematische Beweis der Modelle kann jeweils im Anhang eingesehen werden. Das Verständnis der Entstehung von Währungskrisen ist für dieses Buch insoweit notwendig, da Bankenkrisen oft in Währungskrisen enden. Des Weiteren sind als Folge der transatlantischen Bankenkrise viele europäische Staaten stark betroffen und Spekulanten könnten daher auf eine starke Abwertung des Euro spekulieren und somit eine Währungskrise innerhalb des Euroraums auslösen. Die transatlantische Bankenkrise wird die erste harte Bewährungsprobe für den Euro werden.

3.1.1 Spekulative Blasen (Speculative Bubbles)

Spekulanten wird oft eine erhebliche Schuld an Finanz- und Währungskrisen und die erhöhte Volatilität auf den Finanzmärkten angelastet (preisdestabilisierende Spekulation).[91] Eine preisdestabilisierende Spekulation kann bspw. durch Falschinformationen, Fehleinschätzungen und durch irrationale Verhaltensweisen auftreten.[92] Dabei wird die destabilisierende Wirkung der Spekulation durch selbsterfüllende Erwartungen verstärkt. Dies bedeutet, dass wenn nur hinreichend viele Wirtschaftssubjekte das Eintreten eines bestimmten Ereignisses erwarten, dieses Ereignis auch tatsächlich eintritt. Die Notwendigkeit staatlichen Eingriffs um ein Marktversagen abzuwehren bzw. zu lindern ist dann nach *Aschinger* notwendig. Es wird aber auch oft verkannt, das Spekulation in Normalzeiten, d.h. die Märkte sind durch Nichtspekulanten dominiert, die Markteffi-

---

[91] So z.B. auch der Vorwurf massiver Spekulation mit Kreditbesicherungen (CDS) für griechische Staatsanleihen.
[92] Vgl. dazu das Herdenverhalten in Kapitel 3.1.3.

zienz erhöht und zu einer Verstetigung der Preise führt (preisstabilisierende Spekulation). Die Spekulation hat in diesem Falle einen positiven Einfluss auf die Wohlfahrt und sollte nicht durch regulatorische Maßnahmen eingeschränkt werden.[93]

Zusammenfassend lässt sich festhalten, dass Spekulation dann preisstabilisierend wirkt, wenn Spekulanten zukünftige Marktentwicklungen besser vorhersehen können als andere durchschnittliche Marktteilnehmer. Im Gegensatz dazu wirkt Spekulation preisdestabilisierend, wenn Spekulanten die zukünftige Marktentwicklung nicht richtig antizipieren. Die Folge wäre dann eine Verstärkung der Preisbewegungen. In einem effizienten Finanzmarkt wie *Fama*[94] ihn beschrieben hat, dürften keine destabilisierenden spekulativen Blasen[95] auftreten, da alle öffentlich verfügbaren Informationen sofort eingepreist werden, wodurch Anleger mit Hilfe dieser Informationen keine abnormale Rendite[96] erzielen können (Effizienzhypothese). Die Finanzmarktpreise weichen demnach nicht systematisch von ihren Fundamentalwerten ab. Ganz im Gegenteil bewies *LeRoy* in einer empirischen Untersuchung, dass bspw. die meisten Aktienpreisbewegungen nicht rational erklärt werden können.[97] In der Vergangenheit hat sich zudem mehrmals gezeigt, dass Finanzmärkte Anomalien (z.B. *Small-Firm-Effekt, January-Effekt, Price/Earnings-Effekt*) aufweisen, die nicht durch die Effizienzhypothese erklärt werden können. Bewegen sich die Preise in der Folge zunehmend weg von ihren Fundamentalwerten, so kann nach *Aschinger* eine

---

[93] Vgl. Aschinger, G. (2001), S. 2.

[94] *Fama* unterscheidet die Effizienz der Finanzmärkte nach der Art von Informationen, die im Preis enthalten sind. In der schwachen Form der Markteffizienz sind sämtliche Informationen betreffend vergangener Kursentwicklungen im Preis enthalten. Die halbstarke Form enthält alle öffentlich zugänglichen Information. Die starke Form der Markteffizienz enthält zusätzlich zu den Informationen der schwachen und halbstarken Form auch Insiderinformationen. Vgl. dazu *Fama, E. F.* (1970): Efficient Capital Markets: A Review of Theory and Empirical Work, in: Journal of Finance, Nr. 25, S. 383 – 416.

[95] Frühere berühmte spekulative Blasen sind bspw. die „Dutch Tulipmania" (1634-37); die „Mississippi Bubble" (1719-29) und kurz darauffolgend die „South Sea Bubble" (1720).

[96] Die abnormale Rendite stellt die Abweichung der realisierten Rendite von der erwarteten Rendite dar.

[97] Vgl. dazu *LeRoy, S. F.* (1990): Capital Market Efficiency: An Update, in: Federal Reserve Bank of San Francisco, S. 29 – 40.

spekulative Blase entstehen.[98] Spekulanten kaufen also ein *Asset* mit der Erwartung einer Preissteigerung in der Zukunft. Zu einer Preissteigerung wird es kommen, wenn andere Marktteilnehmer von einem höheren Wert ausgehen und es deshalb kaufen oder aber weil auch sie von einer Wertsteigerung in der Zukunft ausgehen.[99] Dabei führt das stetige Steigen der Preisdifferenz zum Platzen einer stochastischen Blase.[100] Dieser hier beschriebene Verlauf hat auch zur Bildung der Immobilienblase in den USA geführt.

Ein für dieses Phänomen treffenden Vergleich lieferte *Keynes*, indem er die Aktienmärkte mit einem *Beauty Contest* (Schönheitswettbewerb) verglich: "…professional investment may be likened to those newspaper competitions in which the competitors have to pick out the six prettiest faces from a hundred photographs, the prize being awarded to the competitor whose choice most nearly corresponds to the average preferences of the competitors as a whole; so that each competitor has to pick, not those faces which he himself finds prettiest, but those which he thinks likeliest to catch the fancy of the other competitors, all of whom are looking at the problem from the same point of view. It is not a case of choosing those which, to the best of one's judgment, are really the prettiest, nor even those which average opinion genuinely thinks the prettiest. We have reached the third degree where we devote our intelligences to anticipating what average opinion expects the average opinion to be. And there are some, I believe, who practise the fourth, fifth and higher degrees."[101]

3.1.2 Informationsasymmetrien

Informationsasymmetrien spielen eine wichtige Rolle bei der Entwicklung von Finanzkrisen. Ein Grund für Informationsasymmetrien sind die mit der Informationsbeschaffung verbundenen Kosten. Besser informierte Akteure sehen daher keinen Anreiz diese Informationen zu verbreiten, solange sie diese Informatio-

---

[98] Alan Greenspan bezeichnete bspw. 1996 das Verhalten auf den amerikanischen Aktienmärkten als „Irrational Exuberance" (Irrationalen Überschwang). Quelle: Shiller, R. J. (2000): Irrational Exuberance, Princeton.

[99] Vgl. Anhang 3: Entstehung einer spekulativen Blase.

[100] Aschinger unterscheidet zwischen stochastischen und deterministischen Blasen. Während eine stochastische Blase in jeder Periode „platzen" kann, steigt bei einer deterministischen Blase der Preis exponentiell mit der Zeit an. Die deterministische Blase hält Aschinger demnach für nicht realistisch. Vgl. Aschinger, G. (2001), S. 155 ff.

[101] Keynes, J. M. [1936 (1970)], S. 156.

nen zu ihrem Vorteil nutzen können und daraus einen Vorteil ziehen können. Dadurch können Anreiz-Probleme entstehen, die den Abschluss von Kontrakten zwischen Akteuren erschweren können.[102] Im Folgenden soll dies anhand der Informationsasymmetrien im Bankenbereich beschrieben werden.

Principal/Agent-Beziehung, Moral Hazard und Adverse Selection

Eine Bank unterhält zu ihren Kunden eine sog. Principal/Agent-Beziehung. Kunden (Principals) legen ihr Geld bei der Bank (Agent) an. Die Bank wiederum erhält damit die Möglichkeit das Geld mittels Kredite zu verleihen und Renditen zu erwirtschaften. Jedoch ist die Bank angehalten die Ziele der Kunden, nämlich die Sicherheit ihrer Einlagen zu gewährleisten, stellvertretend zu verfolgen. Hier kann ein sog. *Moral Hazard* entstehen, wenn Agent und Principal unterschiedliche Präferenzen besitzen und der Principal aufgrund von Informationsasymmetrien nicht nachprüfen kann, ob der Agent die Erfüllung seiner Ziele oder eigene Ziele verfolgt.

Der Begriff *Moral Hazard* stammt aus der Versicherungsindustrie und drückt die Neigung von Versicherungsnehmern aus, die ungerechtfertigt ihr Verhalten ändern, um Ansprüche aus einem bestehenden Versicherungsvertrag gegen den Vertragspartner (Versicherung) geltend zu machen. Auf den Fall einer Bank bezogen könnte diese z.B. durch Investitionen in Anlagen mit hohem Risiko eine „aggressive" Anlagepolitik verfolgen, um eine maximale Rendite zu erzielen, die nicht den Interessen der Kunden entspricht. Die Risikobereitschaft der Bank (Agent) kann durch die *Lender of Last Resort*-Funktion der Zentralbanken, internationalen Organisationen (z.B. IMF) oder Staaten (Depositenversicherung)[103] zusätzlich verstärkt werden. Die Gewissheit der Banken, dass diese in Krisensituationen Liquidität erhalten, kann die Risikobegrenzung der Banken verringern.[104] *Meltzer* entwickelte die Auffassung von *Bagehot* weiter und schreibt dazu: *„The central bank is called the lender of last resort because it is*

---

[102] Vgl. Aschinger, G. (2001), S. 64 f.

[103] Zum Beispiel der Einlagensicherungsfonds zum Schutze der Kontoinhaber in der Bundesrepublik Deutschland. Wegen der Finanzmarktkrise wurde dieser von 20.000 € je Kunden auf 50.000 € je Kunden angehoben. Vgl. § 4 Abs. 2 EAEG.

[104] Vgl. Mishkin, F. S. (1992), S. 117; Aschinger, G. (2001), S. 65 f. Eine Modell zur Entstehung von Moral Hazard bei einer Depositenversicherung wird nach Aschinger (2001) in Anhang 4 entwickelt.

capable of lending-and to prevent failures of solvent banks must lend-in periods when no other lender is either capable of lending or willing to lend in sufficient volume to prevent or end a financial panic."[105]

Ein weiteres Phänomen asymmetrischer Information wurde durch *Akerlof* als *Adverse Selection* bezeichnet. *Akerlof* zeigte in seinem Aufsatz „The Market for Lemons", dass Informationsasymmetrie in einem Markt zu ineffizienten Ergebnissen führen kann. Käufer sind demnach für Güter, dessen Qualität sie nicht beurteilen können, nur bereit einen Preis zu bezahlen der sich auf die durchschnittliche Qualität aller Güter bezieht. Güter guter Qualität erzielen hier einen zu geringen Preis, während Güter schlechter Qualität einen zu hohen Preis erzielen. Dies führt zwangsläufig zu einem Sinken der durchschnittlich gehandelten Qualität bis nur noch Güter schlechter Qualität gehandelt werden. *Adverse Selection* bezeichnet folglich die Verdrängung Güter guter Qualität durch Güter schlechter Qualität.[106] Auf die Bank bezogen bedeutet dies, dass die Bank nicht immer zwischen guten und schlechten Schuldnern unterscheiden kann, da die Bonität der Schuldner eine private Information darstellt. Wie im Beispiel von *Akerlof* legt die Bank den Zinssatz so hoch, dass die Risikoprämie gerade der durchschnittlichen Bonität der Schuldner entspricht. Da nun gute Schuldner einen zu hohen Zinssatz zahlen müssen, werden diese im Laufe der Zeit von den schlechten Schuldnern verdrängt. Die Zunahme der schlechten Schuldner lässt die Bank die Zinssätze erhöhen, da das durchschnittliche Kreditausfallrisiko nun höher ist. Bedingt durch die Tatsache, dass nur schlechte Schuldner bereit sind hohe Zinsen zu zahlen, verstärkt die Erhöhung der Zinsen die Verdrängung der guten Schuldner. Dies kann im Extremfall dazu führen, dass überhaupt keine Kredite seitens der Banken vergeben werden, da das Kreditausfallrisiko untragbar geworden ist.[107]

---

[105] Meltzer, A. (1986): Financial Failures and Financial Policies, in: Deregulating Financial Services: Public Policy in Flux, hrsg. von Kaufmann, G. G. und Kormendi, R. C., Ballinger, Cambridge, Massachusetts, S. 83.

[106] Vgl. Akerlof, G. (1970), S. 488 – 500.

[107] Vgl. Aschinger, G. (2001), S. 66 f.

3.1.3 Contagion und Herdenverhalten

Die Weltbank definiert *Contagion* (Ansteckung) als die grenzüberschreitende Übertragung von Schocks oder als generelle grenzüberschreitende externe Effekte.[108] Oft wird *Contagion* mit der Integration der Finanzmärkte in Verbindung gebracht. Jedoch ist zu beachten, dass *Contagion* auch durch andere Gründe begünstigt wird. *Aschinger* unterscheidet dabei verschiedene Formen der Ansteckung. Eine Krise in einem Land kann sich auf andere Länder mit ähnlichen Fundamentalvariablen ausbreiten, wenn die Wirtschaftssubjekte empfindlich auf solche Risiken reagieren und in der Folge ihre Positionen in den Währungen der Länder mit ähnlichen Fundamentalvariablen verringern. In diesem Fall kann die Währungskrise eines Landes auf andere Länder mit schwachen Fundamentalvariablen übergreifen. Erhöhte Ansteckungsgefahr tragen auch Länder, die wirtschaftlich eng miteinander verbunden sind und ihre Güter auf denselben Absatzmärkten verkaufen. Wenn die Währung eines Landes aufgrund einer Währungskrise stark an Wert verliert, erhöht das den Wettbewerbsdruck auf die anderen Länder. Diese müssen nun ihre eigenen Währungen abwerten um weiterhin wettbewerbsfähig zu bleiben. Auf die Ostasienkrise 1997/98 bezogen traf dies auf die gemeinsamen Absatzmärkte zwischen Indonesien, Malaysia und Thailand zu. Ansteckung kann auch über stark integrierte Devisen- und Aktienmärkte (Finanzmärkte) übertragen werden. Die Krise eines Landes veranlasst Wirtschaftssubjekte in der Regel zum Verkauf von Wertschriften auch auf anderen Börsenplätzen. Störungen und Krisen können sich daher insbesondere über die Finanzmärkte schnell auf andere Länder übertragen.

Zuletzt beschreibt *Aschinger* die Ansteckung durch Herdenverhalten. Die Ostasienkrise 1997/98 hat nicht etwa durch schwache *Fundamentals* oder wirtschaftlicher Integration auf Südkorea übergegriffen, sondern vielmehr durch Herdenverhalten. Herdenverhalten ist nicht realwirtschaftlich begründet, sondern tritt in Folge asymmetrischer Informationen auf. Sind die Kosten der Informationsbeschaffung relativ hoch, sind viele Investoren gezwungen „besser" informierten Investoren zu folgen und ihre Erwartungen bezüglich des zukünftigen

---

[108] Quelle: http://www1.worldbank.org/economicpolicy/managing%20volatility/contagion/ definitions.html.

Marktgeschehens zu übernehmen. So kann ein hinreichend großer Investor durch pessimistische Erwartungen oder durch Manipulation eine selbsterfüllende Krise. Zusätzlich besteht ein hoher Konformitätsdruck (Gruppenzwang) der zu einem Herdenverhalten führt. Begründet werden kann dies durch den möglichen Reputationsverlust (Negative Veränderung des Ansehens), der bei alleiniger Spekulation gegen den Trend weitaus höher ist, als wenn alle Investoren das gleiche tun.[109] *Keynes* schreibt passend dazu: *„Worldly wisdom teaches that it is better for reputation to fail conventionally than to succeed unconventionally."*[110] Selbsterfüllende Erwartungen sowie Herdenverhalten können daher selbst Länder mit guten Fundamentals (bspw. Südkorea 1997/98) mit einer Krise „anstecken".

3.1.4 Krisen der ersten Generation

Die Währungskrisenmodelle der ersten Generation sind geprägt durch *Krugman* und weiterentwickelt durch *Flood* und *Garber*, die damit die Währungskrisen in Mexiko 1973 – 1982 und Argentinien 1978 – 1981 beschrieben. Kleine offene Volkswirtschaften, die aufgrund ihrer Größe ausländische Variablen nicht beeinflussen können und daher für diese exogen sind, verlieren zwangsläufig die Fähigkeit eine autonome Geldpolitik zu betreiben, wenn sie ihren Wechselkurs fest an eine ausländische Währung binden. Wird nun aber eine Regierung versuchen eine autonome Geldpolitik zu betreiben und trotzdem das Ziel fixer Wechselkurse aufrechterhalten, so ist eine Unvereinbarkeit (Inkonsistenz) des Ziels mit der gewählten Politik zu erwarten.[111] Die Modelle der ersten Generation zeigen warum der Zusammenbruch fixer Wechselkurssysteme oft im Rahmen einer Währungskrise stattfindet. Diese Modelle vertreten die Annahme, dass der private Sektor von der Inkonsistenz der Politik zu profitieren versucht (Arbitrage-Überlegungen[112]).[113] Ein reales Beispiel dafür ist der Hedge-Fonds-Manager

---

[109] Vgl. Aschinger, G. (2001), S. 181 ff.

[110] Keynes, J. M. [1936 (1997)]: The General Theory of Employment, in: Interest, and Money, Prometheus Books, New York, S. 158.

[111] Zum Trilemma der Wirtschaftspolitik vgl. Kapitel 2.3.2.

[112] Unter Arbitrage versteht man das Ausnutzen von aktuellen Preisdifferenzen. Bei einer Arbitrage besteht im Gegensatz zur Spekulation keine Unsicherheit. Vgl. Aschinger, G. (2001), S. 2.

[113] Flood, R. P.; Nancy, M. (1998), S. 1.

George Soros, der im September 1992 durch massive Spekulationen[114] gegen das britische Pfund internationale Bekanntheit erlangte.[115]

Das Modell von Krugman[116]

Währungsattacken können bei einem fixen Wechselkursregime u.a. mit Hilfe von Modellen erschöpfbarer Ressourcen analysiert werden.[117] Sobald der Schattenwechselkurs[118] den festen Wechselkurs übersteigt, werden die Devisenreserven (ausländisches Geld) der Zentralbank, die eine erschöpfbare Ressource darstellen, durch die Spekulanten aufgekauft.

Annahmegemäß soll die Regierung einer kleinen offenen Volkswirtschaft ihren Wechselkurs mittels Devisenmarktinterventionen fixieren. Der Regierung stehen dafür Währungsreserven in Höhe R zur Verfügung, während sie aber simultan ihr permanentes Haushaltsdefizit $(G-T)$ durch Erhöhung der realen Geldmenge M/P finanzieren muss. Zusätzlich hält die Bevölkerung nur den Anteil L ihres Vermögens W in der einheimischen Währung. Die einheimischen Wirtschaftssubjekte können inländisches und ausländisches Zentralbankgeld halten. Ausländer halten kein inländisches Geld. Bei festen Wechselkursen können Inländer jederzeit und unbegrenzt Inlandsgeld gegen Devisen bei der Zentralbank eintauschen. Bei vollständig flexiblen Kursen hingegen, können Inländer ihre Devisen nicht gegen inländisches Geld umtauschen, da die heimische Zentralbank nicht auf dem Devisenmarkt interveniert und Ausländer kein inländisches Geld halten.

Die Währungsreserven des Landes entwickeln sich demnach wie folgt:

$$R = -(G-T) + LW \qquad (1)$$

---

[114] Unter Spekulation versteht man „jede durch Gewinnstreben motivierte Ausnutzung erwarteter zeitlicher Preisunterschiede eines Gutes auf einem bestimmten Markt." Aufgrund der Unsicherheit der Preisentwicklung, ist jede Spekulation risikobehaftet. Vgl. Aschinger, G. (2001), S. 1 f.

[115] Vgl. Lutz, A. (2009), S. 214 f.

[116] Vgl. Krugman, P. (1979), S. 311 – 325.

[117] Modelle erschöpfbarer Ressourcen sind z.B. Hotelling, v. H. (1931): The Economics of Exhaustible Resources, in: Journal of Political Economy, Nr. 39, S. 137 - 175 und Salant, S.; Henderson, D. (1978): Market Anticipations of Government Policies and the Price of Gold, in: Journal of Political Economy, Nr. 86, S. 627 – 648.

[118] Der Schattenwechselkurs ist der Wechselkurs, der sich ohne Interventionen der Regierung ergeben würde. Im Gegensatz zum fixen Wechselkurs reflektiert der Schattenwechselkurs den realen Wert der Währung.

Steigt das Haushaltsdefizit stetig nehmen die Währungsreserven entsprechend ab bis sie erschöpft sind, da für die Beibehaltung des fixen Wechselkurses ein konstantes Geldangebot verlangt wird und die Zentralbank zu diesem Zweck laufend ausländische Devisen in Höhe des Zuwachses der Inlandskredite verkaufen muss. Sind die Währungsreserven aufgebraucht, kann die Regierung als Folge den Wechselkurs nicht mehr fixieren und ist gezwungen den Wechselkurs freizugeben, was wiederum zu erhöhter Unattraktivität der heimischen Währung führt. Der Anteil L wird geringer und die heimische Währung erfährt einen höheren Wertverlust im Zeitpunkt der Wechselkursfreigabe. Sind Spekulanten in der Lage diese Entwicklung richtig zu deuten (vollständige Voraussicht), so kann ein Gewinn erzielt werden, wenn die heimische Währung kurz vor dem Zeitpunkt der endgültigen Wechselkursfreigabe gegen Devisen getauscht wird und später zum höheren Wechselkurs verkauft wird. Die Regierung ist gezwungen ihre Währungsreserven aufzubrauchen, um den spekulativen Attacken auf die heimische Währung entgegenzuwirken. *Krugmann* drückt diesen Verlauf so aus: „The result would be that when reserves fell to some critical level - perhaps a level that might seem large enough to finance years of payments deficits - there would be an abrupt speculative attack that would quickly drive those reserves to zero and force an abandonment of the fixed exchange rate."[119]

Das Modell von Flood und Garber[120]

Flood und *Garber* erweitern das Modell von Krugman und zeigen, das über ein Schattenwechselkurs der genaue Zeitpunkt des Zusammenbruchs des Wechselkursregimes berechnet werden kann, wenn die Regierung einer kleinen offenen Volkswirtschat ein Budgetdefizit führt, das mit dem Ziel der langfristigen Fixierung des Wechselkurses inkonsistent ist. Zusammenfassend zeigt das *Flood* und *Garber* Modell, dass ein stetiges Budgetdefizit zu einem Abbau der nationalen Devisenreserven führt. Die Annahme vollständiger Voraussicht und subjektiv sichere Erwartungen der Wirtschaftssubjekte führen letztendlich zur

---

[119] Vgl. Krugman, P. (1997), S. 3.
[120] Vgl. Flood, R. P.; Garber, P. M. (1994), S. 179 – 191 und Aschinger, G. (2001), S. 149 – 155.

spekulativen Attacke, da die Wirtschaftssubjekte erkennen, dass die Währungsreserven des Landes im Zeitpunkt z aufgebraucht werden. Diese Entwicklung führt dann zum Kollaps des Festkurssystems. Nicht verantwortlich für diesen Zusammenbruch sind die Wirtschaftssubjekte, die sich nur ökonomisch verhalten und drohende Verluste abzuwehren versuchen. Vielmehr ist die inkonsistente Wirtschaftspolitik, die nicht zum Ziel eines fixen Wechselkursregimes passt, verantwortlich.[121] Die Modelle erster Generation wurden insbesondere wegen der zu mechanischen Modellierung des Regierungsverhaltens kritisiert und im Laufe des letzten Jahrzehnts mehrfach erweitert. *Effenberger* sieht die Währungskrisenmodelle der ersten Generation „als Musterbeispiel einer friktionslosen Ökonomie im Sinne der Neoklassik", da sie von institutionellen Aspekten abstrahiert sind.[122] Trotz Erweiterungen wie die Lockerung der Annahme über Kaufkraftparität und Zinsparität durch *Arias* mit der Annahme einer realen Währungsaufwertung und Ertragsbilanzdefizit, herrschen immer noch mehrere Kritikpunkte vor, die durch *Rangvid* zusammengestellt worden sind.[123] Unverständlich ist demnach, warum die Spekulanten über vollständiger Voraussicht verfügen und den Schattenwechselkurs kennen, während der Staat eine Politik (Budgetdefizit) betreibt, die mit dem System fixer Wechselkurse inkonsistent ist. Zudem sind die Präferenzen und die Zielfunktion des Staates nicht spezifiziert. Das Modell schließt die Möglichkeit aus den inländischen Zinssatz zu erhöhen, um den fixen Wechselkurs zu verteidigen, da ansonsten die angenommene Zinsparität eine Aufwertung bei steigendem inländischen Zinssatz bedeuten würde. Zuletzt sei noch der Hauptkritikpunkt erwähnt der besagt, dass in den letzten Währungskrisen nahezu keine Verschlechterungen in den Fundamentaldaten beobachtet werden konnten. Im Gegenteil haben vergangene Währungskrisen gezeigt, dass unerwartete Änderungen der Erwartungen über die Beibehaltung des festen Wechselkurses, für die Entstehung einer Währungskrise von entscheidender Bedeutung sind.[124]

---

[121] Die mathematische Herleitung und ausführliche Darstellung des Modells erfolgt im Anhang 3: Das Modell von Flood und Garber.

[122] Vgl. Effenberger, D. (2003), S. 29.

[123] Vgl. Rangvid, J. (2001), S. 613 – 646.

[124] Vgl. Rose, A. K.; Svensson, L. E. O. (1994), S. 263 – 283 und Aschinger, G. (2001), S. 160.

3.1.5 Krisen der zweiten Generation

Die Modelle der zweiten Generation, die maßgeblich durch *Obstfeld* geprägt sind, haben gegenüber den Modellen der ersten Generation, in denen sich die Fundamentaldaten stetig verschlechtern und die Regierungen ungeachtet dessen eine starre Wirtschaftspolitik verfolgen, den Vorteil, dass hier verschiedene wirtschaftspolitische Ziele mit Hilfe einer Verlustfunktion verfolgt werden können. Die Politik des Landes wird durch eine nichtlineare Verlustfunktion bestimmt bei der mehrfache Gleichgewichte (*multiple equilibria*) auftreten können. Die Wirtschaftspolitik reagiert nun auch auf Erwartungsänderungen der Wirtschaftssubjekte, die das Eintreten einer Krise unkalkulierbar machen. Zusätzlich kann die Regierung jederzeit das fixe Wechselkursregime aufgeben. Die Erwartungsänderungen der Wirtschaftssubjekte können die staatliche Politik beeinflussen und zur Entstehung selbsterfüllender (Währungs-) Krisen führen (*self-fulfilling prophecies*)).[125] *Flood* und *Marion* sehen die Krisenmodelle der zweiten Generation als Antwort auf die Finanzkrisen in den neunziger Jahren in Europa (ERM-Krise 1992 – 93) und Mexiko (1994), die durch die Krisenmodelle der ersten Generation nicht oder nur bedingt erklärt werden konnten.[126] Die Krisen der Neunziger Jahre lieferten zudem eine Reihe neuer Erkenntnisse und zwar, dass eine Währungskrise nicht zwangsweise fundamentale Ursachen haben muss. Den Krisen waren zudem keine unhaltbaren fiskal- oder geldpolitischen Entwicklungen vorhergegangen, die eine Neuorientierung rechtfertigen würden. Demnach erfolgte auch keine wesentliche Änderung in der Geld- und Fiskalpolitik nach der Krise. Das Eintreffen der Krisen kam überraschend und wurde von den Finanzmärkten nicht antizipiert.

---

[125] Vgl. Aschinger, G. (2001), S. 160; Anhang 3: Das Modell von Obstfeld.
[126] Vgl. Flood, R. P.; Marion, N. (1998), S. 41.

Mehrfache Gleichgewichte[127]

Wird das Modell von *Flood* und *Garber* der ersten Generation um Nichtlinearität bzgl. der staatlichen Politik erweitert, so können mehrfache Gleichgewichte entstehen. Annahme ist, dass die Inlandskredite mit jeweils unterschiedlichen Raten ansteigen, abhängig von einer spekulativen Attacke auf den festen Wechselkurs.

$$D_t = \mu_0 \quad ohne\ Währungsattacke \tag{2}$$

$$D_t = \mu_1 \quad mit\ Währungsattacke\ (\mu_1 > \mu_0) \tag{3}$$

Die Inlandskredite werden bei einer Währungsattacke stärker ansteigen, da keine Devisenreserven zur Verfügung stehen. Budgetdefizite können daher nur über eine Erhöhung der Inlandskredite finanziert werden.

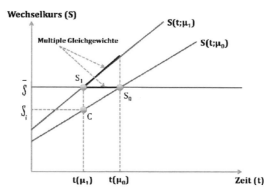

Abbildung 8: Mehrfache Gleichgewichte[128]

Abbildung 8 zeigt grafisch zwei Schattenwechselkursgeraden $S(t;\mu_0)$ und $S(t;\mu_1)$. Da $S(t;\mu) = (\alpha\mu/\beta^2) + (D_0/\beta) + (\mu/\beta)t$ gilt, nimmt mit zunehmendem μ auch der Achsenabschnitt und die Steigung der Geraden zu. Daher entsprechen die beiden Schattenwechselkursgeraden den Veränderungsraten der Inlandskredite μ_0 und μ_1. Zur Verdeutlichung sollen folgende Szenarien beispielhaft simuliert werden:[129]

---

[127] Vgl. Aschinger, G. (2001), S. 160 f.
[128] Quelle: Eigene Darstellung in Anlehnung an Aschinger, G. (2001), S. 161.
[129] Vgl. Anhang 3: Ein Beispiel einer Währungsattacke.

1. Annahmegemäß soll $t<t(\mu_1)$ gelten. Im Falle das eine Wechselkursattacke ausbleibt, ist die Schattenwechselkursgerade durch $S(t,\mu_0)$ gegeben. Kommt es zu einer spekulativen Attacke, gibt es einen „Sprung" und die Schattenwechselkursgerade ist durch $S(t,\mu_1)$ gegeben; verbleibt aber weiterhin unter $\overline{S}$ (Aufwertung der Inlandswährung). Eine Attacke auf die Inlandswährung lohnt sich in diesem Fall nicht, da Spekulanten Währungsverluste erleiden würden.

2. Gilt $t=t(\mu_1)$, so liegen die beiden Schattenwechselkurse bei den Punkten S_1 bzw. C. Würden Spekulanten eine Attacke auf den fixen Wechselkurs $\overline{S}$ ausüben, dann bewegt sich der Schattenwechselkurs sprunghaft von Punkt C auf S_1. Aber auch in diesem Fall wäre eine Attacke nicht gewinnbringend. Trotz der möglichen Gleichgewichte C und S_1 besteht kein Anreiz zur Wechselkursattacke.

3. Im Fall das $t(\mu_1) < t < t(\mu_0)$ gilt und mehrere untereinander unkoordinierte Spekulanten aktiv auf dem Markt agieren, können mehrfache Gleichgewichte entstehen. Erwarten die Spekulanten eine Attacke auf den fixen Wechselkurs $\overline{S}$ an der sich alle Wirtschaftssubjekte beteiligen, so wird ein Sprung auf die Schattenwechselkursgerade $S(t;\mu_1)$ stattfinden. Erwarten die Wirtschaftssubjekte ein Ausbleiben der Attacke, so bleibt der feste Wechselkurs weiterhin bestehen. Stimmen die Erwartungen der einzelnen Wirtschaftssubjekte untereinander nicht überein, können mehrfache Gleichgewichte entstehen. Je nachdem wie sich die Erwartungen entwickeln kann es zu einer Währungsattacke kommen, die das Gleichgewicht des Ausgangszustands zum Gleichgewicht der Währungsattacke bewegt. Ein hinreichend großer Spekulant kann durch massives aufkaufen von Devisen bei der Zentralbank den anderen Wirtschaftssubjekten den Eindruck einer bevorstehenden Abwertung der Inlandswährung suggerieren, in dessen Folge eine Währungsattacke stattfindet. In solch einem Fall gibt es nur ein Gleichgewicht.

4. Im letzten möglichen Fall $t>t(\mu_0)$ findet stets eine Währungsattacke auf den fixen Wechselkurs statt. Sowohl bei μ_1 als auch bei μ_0 ist ein Verkauf der inländischen Währung gewinnbringend.

Im Ganzen betrachtet haben aber auch die Modelle der zweiten Generation ihre Schwächen. Hier kann selbst ein Land mit guten Fundamentaldaten das Ziel einer spekulativen Attacke auf seine Währung werden und in eine sich selbst erfüllende Währungskrise geraten. Es ist festzuhalten, dass nicht zwangsläufig jedes fixe Wechselkursregime an einer sich selbst erfüllenden Erwartung scheitern muss. Zusätzlich kann kritisiert werden, dass keine plausiblen Erklärungen für die plötzlichen Erwartungsänderungen der Wirtschaftssubjekte genannt werden. Trotz der Vorteile der Modelle der zweiten Generation gegenüber denen der ersten Generation, hat die Ostasienkrise 1997–98 gezeigt, dass sowohl die Modelle der ersten als auch der zweiten Generation für die Beurteilung dieser Krise ungeeignet sind und weitere Ansätze zur Erklärung von Währungs- und Finanzkrisen nötig sind.

3.1.6 Krisen der dritten Generation

Die Modelle der dritten Generation vertreten die Annahme, dass Währungskrisen in der Regel Folgen vorangegangener Finanzkrisen (Bankenkrisen) sind (*Twin-Crises*).[130] Bei drohenden Solvenzproblemen eines Staates oder seiner Finanzinstitutionen kann es zu einer massenhaften Kapitalflucht (sog. *Bank Runs*) kommen, in dessen Folge das Land in eine Finanzkrise gerät. Ein *Bank Run* oder auch Bankenpanik ist dann gegeben, wenn die Mehrheit der Anleger aufgrund einer befürchteten oder bevorstehenden Zahlungsunfähigkeit der Bank ihr Guthaben abzieht. Eine Bank kann dadurch leicht in Zahlungsschwierigkeiten[131] geraten, da sie Kundengelder auf Anfrage zurückbezahlen muss (Depositenverpflichtung). Das Angebot der „flüchtenden" Inlandswährung steigt damit sprunghaft an, was den Abwertungsdruck auf die Währung erhöht und

---

[130] Vgl. Kaminsky, G.; Reinhart, C. (1996): The Twin Crisis: The Causes of Banking and Balance-of-Payments Problems, in: International Finance Discussion Papers, Nr. 544, Board of Governors of the Federal Reserve System, Washington. Kaminsky und Reinhart (1996) haben im Zeitraum von 1970 – 1995 Währungskrisen und Bankenkrisen in verschieden entwickelten Ländern untersucht. Sie kamen zu dem Ergebnis, dass kein direkter Zusammenhang besteht, wenn die Finanzmärkte stark reguliert sind. Bei liberalisierten und deregulierten Finanzmärkten haben die Autoren bei der Hälfte aller untersuchten Währungskrisen eine zuvor einsetzende Bankenkrise als Ursache ausfindig gemacht. Die Begriffe Finanzkrise und Bankenkrise werden als Synonyme verwendet.

[131] Gemäß §§ 17 – 19 InsO liegt in Deutschland eine Zahlungsunfähigkeit vor, wenn der Wert der Aktiva wertmäßig zwar höher ist als der Wert der Verbindlichkeiten, dieser jedoch nicht schnell genug liquidiert werden kann, um den laufenden Zahlungsverpflichtungen nachzukommen. Eine Drohende Zahlungsunfähigkeit liegt dann vor, wenn dies voraussichtlich in der Zukunft passieren wird.

Spekulationen hervorruft.[132] Einige Beispiel werden auch durch die Asienkrise 1997/98, Bulgarien 1996/97[133] und Türkei 2000/01 geliefert. Insbesondere während der Asienkrise 1997/98 zeigten die betroffenen Länder im Vorfeld keine Verschlechterung der *Fundamentals*, wie in den Modellen der ersten Generation vorhergesagt wurde, noch bestanden Gründe, die durch eine expansive monetäre Politik und Abwertung der eigenen Währung hätten bekämpft werden müssen, wie in den Modellen der zweiten Generation vorhergesagt wird.[134] Kürzliche Beispiele im Zuge der transatlantischen Bankenkrise für einen *Bank Run* aus der Realität lieferten die englische Bank Northern Rock, dessen Refinanzierungsschwierigkeiten und die Hilfen des Staates als *Lender of Last Resort* zum massenhaften Abzug der Kundengelder führten sowie die *Bank Runs* in Island, die das Land praktisch zahlungsunfähig machten und die Isländische Krone massiv abwerten ließen.

Die Modelle der dritten Generation sehen auch *Moral Hazard,* zufällige Depositen-Rückzüge und den Zusammensetzung von Unternehmensbilanzen und Wechselkursrisiken als wichtige Gründe für Bankenkrisen. Modelle die diese Zusammenhänge behandeln sind von *Krugman*, Diamond und Dybvig und *Calomiris* und *Kahn* entwickelt worden.

Überinvestition durch Moral Hazard nach Krugman

Im ersten Teil der Studie zeigt *Krugman*, das staatliche Garantien (Depositenversicherung) im Bankensystem zu Moral Hazard führen können.[135] Dazu schreibt der Autor: „It has long been known that financial intermediaries whose liabilities are guaranteed by the government pose a serious problem of moral hazard."[136]

Anhand eines Modells soll nun gezeigt werden, wie Depositenversicherungen im späteren Verlauf zu einer Überinvestition führen. Es wird eine offene Volks-

---

[132] Vgl. Lutz, A. (2009), S. 273 – 274.

[133] Vgl. Berlemann, M.; Hristov, K.; Nenovsky, N. (2002): Lending of Last Resort, Moral Hazard and Twin Crisis – Lessons from the Bulgarian Financial Crisis 1996/97, Working Paper Nr. 464, William Davidson Institute, University of Michigan.

[134] Vgl. Krugman, P. R. (1998).

[135] Vgl. dazu Anhang 4: Modell zur Entstehung von Moral Hazard bei Existenz einer Depositenversicherung.

[136] Krugman, P. R. (1998), S. 3.

wirtschaft mit zwei Perioden angenommen. In der ersten Periode nehmen die Unternehmen Kapital (K) auf, während in der zweiten Periode nach folgender quadratischen Produktionsfunktion produziert wird:

$$Q = (A + u)K - BK^2.$$ (4)

Dabei ist Q der reale Output, u eine Zufallsvariable mit dem Erwartungswert E(u) und A,B stellen Konstante dar. Die annahmegemäß kleine Volkswirtschaft mit Nutzungskosten, die nur aus Zinsen bestehen, kann Kredite zu einem konstanten Weltzinssatz (i_n^*) von Null aufnehmen. Dabei wird der reale Zinssatz als exogen angenommen, d.h. es gilt $i_r^* = i_n^* - p^e$ mit p^e als die erwartete Weltinflation. Wird die Produktionsfunktion nach K abgeleitet, ergibt dies eine Abhängigkeit des Grenzprodukts des Kapitals von der Zufallsvariable u. Das investierte Kapital hat demnach einen Grenzertrag R von:

$$R = A + u - 2BK.$$ (5)

Annahmegemäß soll vollkommene Konkurrenz unter den Banken herrschen. Die Banken werden nun so lange investieren, bis das Grenzprodukt des Kapitals mit dem Weltzinssatz in Höhe von null identisch ist.[137] Eine Bank mit risikoneutralem Verhalten investiert daher:[138]

$$\overline{K} = \frac{A + E(u)}{2B}.$$ (6)

Des Weiteren soll angenommen werden, dass die Verbindlichkeiten der Bank staatlich garantiert sind. Folglich bedeutet dies für die Bank, dass wenn u unter seinem Erwartungswert liegt ein Gewinn in Höhe von null vorliegt, also kein Verlust entsteht. Der erwartete Gewinn wird daher bei einem Kapitaleinsatz in Höhe von $\overline{K}$ größer sein als null. Die Banken investieren unter vollkommener Konkurrenz so lange in die Unternehmen, bis der erwartete Gewinn bei null liegt, d.h. das Grenzprodukt des Kapitals dem exogen gegebenen realen Weltzinssatz i_r^* entspricht. In diesem Modell wird gezeigt, dass Banken sich nicht an dem zu erwartenden Wert orientieren, sondern an dem maximal erreichbaren

---

[137] Es gilt $K < (A + u)/B$.
[138] Annahmegemäß soll $A > i^*$ gelten und u die Werte $\underline{u}$ und $\overline{u}$ mit je einer Wahrscheinlichkeit von $p = 0,5$ annehmen. Daher gilt $E(u) = 0,5(\overline{u} + \underline{u})$. Ferner wird $0 < \underline{u} < \overline{u}$ angenommen.

Wert, den *Krugman* als *Pangloss value*[139] bezeichnet. Zu einem solchen Ergebnis kommt es nicht nur deshalb, weil die Banken durch die Staatsgarantien risikoreichere Investments tätigen (*Moral Hazard*), sondern auch weil die Kunden der Bank, bedingt durch die Einlagensicherung des Staates, keine Bedenken im Hinblick auf ihre Einlagen haben müssen. Diese stellen daher den Banken ausreichend Kapital zur Verfügung.[140]

Staatliche Garantien und die Liberalisierung der Kapitalmärkte verursachen *Moral Hazard* und führen damit zu Überinvestitionen in riskante Anlagen. Das Modell impliziert, dass je mehr Überinvestitionen seitens der Banken getätigt werden (*Moral Hazard* Anreize), desto mehr gewinnen Aktienpreisentwicklungen für diese an Bedeutung. Begründet werden kann dies durch die Annahme, dass Investitionen in Form von Kapitalbeteiligungen erfolgen.

Das Diamond-Dybvig-Modell[141]

Das Modell betrachtet eine Bank mit einer geraden Anzahl von N Kunden, die jeweils über eine Einheit Kapital verfügen. Von den Kunden sind jeweils die Hälfte geduldige und ungeduldige Kunden. Die geduldigen Kunden bevorzugen den Konsum in Periode 3, während die ungeduldigen in Periode 2 konsumieren möchten. In Periode 1 ist der Liquiditätsbedarf der Kunden unsicher, weshalb die Kunden nicht wissen ob sie geduldige oder ungeduldige Kunden sein werden. Der Bank ist es ebenfalls nicht möglich zu wissen wer ein geduldiger oder ungeduldiger Kunde sein wird. Es gibt 3 Perioden ($I = 1, 2, 3$), wobei die Kunden in Periode 1 ihr gesamtes Kapital bei der Bank anlegen. Die Bank kann in Periode 1 in zwei Projekte investieren. Projekt 1 ist ein kurzfristiges Investment und liefert in Periode 2 ein Rendite (H) von null. Projekt 2 ist ein langfristiges Investment und liefert in Periode 3 eine sichere Rendite von $H > 1$ pro investierter Einheit Kapital. Die Bank bietet die Möglichkeit das längerfristige Investment in Periode 2 vorzeitig zu liquidieren, was einen negativen Liquidationserlös (Li) von $Li < 1$ einbringt. Die Kunden können das abgehobene Kapital unverzinst selbst bis zur Periode 3 aufheben. Wenn I die langfristige Investition pro Bank-

---

[139] Vgl. Krugman, P. R. (1998), S. 5.
[140] Vgl. Hott, C. (2004), S. 33.
[141] Vgl. Diamond, D.; Dybvig, P. (1983), S. 401 – 419.

kunde bezeichnet, dann werden in die langfristige Anlage NI investiert und in die kurzfristige $N(1-I)$. Die Zahlungsströme der Bank ergeben sich somit aus Tabelle 2.

	1	2	3
kurzfristig	-N(1-I)	N(1-I)	N(1-I)
langfristig	-NI		H NI
		Li NI	Li NI

Tabelle 2: Zahlungsströme der Bank[142]

Die Bank bietet zusätzlich Sichteinlagenkontrakte. Anleger können ihr Kapital jederzeit (täglich) bei der Bank abheben. Die Abhebung in Periode 3 bietet einen Satz von $H-1$ (verzinst), während die Abhebung in Periode 2 unverzinst erfolgt. Die Bank investiert jeweils die Hälfte der Einlagen ($N/2$) in kurzfristige bzw. langfristige Investments. Dadurch wird sichergestellt, dass die Erlöse $N/2$ aus dem kurzfristigen Investment ausreichen, um den $N/2$ ungeduldigen Kunden ihre Einlagen vorzeitig unverzinst auszubezahlen. Hingegen reichen die Erlöse $HN/2$ aus dem langfristigen Investment aus, um den geduldigen Kunden ihre Einlagen einschließlich der Zinsen auszubezahlen (Fristentransformation). Kann die Bank nicht alle Abhebungen bedienen, wird so lange ausbezahlt bis keine Mittel mehr zur Verfügung stehen (*First Come - First Served Prinzip*).

Für den Fall das alle Kunden erwarten, dass die jeweils anderen Kunden gemäß ihrer Liquiditätspräferenzen abheben, ziehen $N/2$ ihr Kapital in Periode 2 von der Bank ab. Dies entspricht genau den Mitteln, die der Bank in Periode 2 zur Verfügung stehen. Ein geduldiger Kunde hat nun die Wahl zwischen der unverzinsten vorzeitigen Abhebung seines Kapitals in Periode 2 oder der verzinsten Abhebung seines Kapitals in Periode 3. Damit die Bank das Kapital eines zusätzlichen Kunden auszahlen kann, muss diese $1/Li$ Einheiten des langfristigen Investments vorzeitig liquidieren. Voraussetzung dabei ist, dass $1/Li \leq N/2$ ist. Ist $1/Li > N/2$ reicht die gesamte Liquidierung des $N/2$ langfristigen Investments nicht aus, um die nun zusätzlich abhebenden Kunden zu be-

---

[142] Es gilt $N > 2/(1-Li)$, da der Liquidationserlös hinreichend klein ist.

dienen. In diesem Fall gilt das oben genannte *First Come - First Served Prinzip*. Das Nash-Gleichgewicht ist hier bis Periode 3 zu warten, da in Periode 2 bestenfalls das Kapital unverzinst abgehoben werden kann.

Erwartet nun ein geduldiger Kunde, dass alle anderen geduldigen Kunden ihr Kapital vorzeitig in Periode 2 abheben, kommt es zu einem *Bank Run*. Die Ansprüche gegen die Bank in Periode 2 sind jetzt N. Der Bank fließt bei vollständiger Liquidierung des langfristigen Investments $N/2$ ein Betrag in Höhe von $LiN/2$ zu. Zusätzlich besitzt die Bank Kapital in Höhe von $N/2$ aus dem kurzfristigen Investment. Die Bank verfügt nun über Mittel in Höhe von $N((Li+1)/2)$. Da $Li < 1$ ist, ist auch $(Li+1)/2 < 1$ und es gilt: $N((Li+1)/2) < N$. Folglich kann die Bank in Periode 2 selbst bei vollständiger Liquidierung nicht alle Kunden bedienen. Das Nash-Gleichgewicht in diesem Fall entspricht einem *Bank Run*.[143]

Das Modell von *Diamond* und *Dybvig* stellt die Entstehung eines *Bank Runs* beim Bestehen von Depositenkontrakten, die die Barabhebung der Depositen zu jedem Zeitpunkt ohne Werteinbuße garantieren, dar. Es beweist auch, dass multiple Gleichgewichte (2 Gleichgewichte) vorliegen. Die Erwartungen der Kunden welches Gleichgewicht eintreten wird, sind dabei selbsterfüllend. *Lutz* schreibt dazu, dass „...ökonomisch eigentlich irrelevante Dinge wie Sonnenflecken[144] einen Einfluss auf die reale Wirtschaft..." haben, „...wenn sie zur Koordinierung von Erwartungen dienen."[145] Kritik erfährt dieses Modell aufgrund des Nichtvorhandenseins von Technologie- und Kreditrisiken sowie risikobehafteter Aktiva und *Moral Hazard*.[146] Da das Modell von nur einer einzelnen Bank ausgeht, wird die Möglichkeit kurzfristige Mittel über den Interbankenmarkt zu be-

---

[143] Vgl. Lutz, A. (2009), S. 275 ff.; Aschinger, G. (2001), S. 75 ff.

[144] Der Ökonom William Stanley Jevons erklärte die Schwankungen der Konjunktur mit den Schwankungen der Sonneflecken. Er beobachtete das ein Sonnenfleckenzyklus ca. 10,45 Jahre dauert und die durchschnittliche Dauer eines Konjunkturzyklus 10,44 Jahre beträgt (Vgl. dazu Jevons, W. S. (1884): Investigations in Currency and Finance, Macmillan, London). Mit Sonnenflecken bezeichnet man daher ökonomisch eigentlich „unwichtige" Ereignisse, die keine nachweisbaren Auswirkungen auf wirtschaftliche Fundamentaldaten haben und dennoch Einfluss auf die reale Wirtschaft ausüben, wenn sie Erwartungen koordinieren. Aschinger, G. (2001), S. 274 f.

[145] Lutz, A. (2009), S. 278.

[146] Calomiris und Kahn (1991) haben ein solches Modell, welches *Moral Hazard* bei der Entstehung von Bank Runs berücksichtigt, vorgestellt (Calomiris, C. W.; Kahn, C. M. (1991): The Role of Demandable Debt in Structuring Optimal Banking Arrangements, in: American Economic Review, Vol. 81, Nr. 3, S. 497 – 513).

ziehen von vornherein genommen. Die Bank könnte im Falle eines *Bank Runs* zusätzliche Liquidität bei der Zentralbank beschaffen. Würde die Zentralbank aber in jedem Fall als *Lender of Last Resort* auftreten, würde dies die Risikobereitschaft der Banken stark erhöhen und zu einem *Moral Hazard* führen. Eine staatliche Depositenversicherung ist daher besser geeignet.[147] Ein weiterer Mangel des *Diamond-Dybvig*-Modells ist die fehlende Beachtung der Auswirkungen von Informationsasymmetrien zwischen Banken und Depositären.

Das Modell von Calomiris und Kahn

Im Gegensatz zum Diamond-Dybvig-Modell erklärt das Modell von *Calomiris* und *Kahn* die Informationsasymmetrie als Ursache für *Bank Runs*. Ausschlaggebend ist die Beurteilung des Bakenrisikos durch rational handelnde Depositäre. Die Bank schafft nicht-marktfähige Kredite, die dem Kunden eine Beurteilung bzw. Überwachung des Bankmanagements erschweren. Ein Kunde der neue Informationen über seine Bank erhält, kann seine getroffene Beurteilung des Bankenrisikos revidieren. Da ein Großteil der Kunden nicht in der Lage ist zwischen individuelle Bankenrisiken zu unterscheiden, kann es zu einem panischen und unkontrolliertem Rückzug der Depositen aus dem Bankensystem kommen. Kommt es zu einem *Run* auf alle Banken, stellen die Banken in der Folge die Konvertibilität[148] ein. Einer einzelnen Bank hingegen ist die Suspendierung der Konvertibilität gesetzlich untersagt. Eine einzelne Bank muss folglich liquidiert werden, wenn sie nicht in der Lage ist zusätzliches Kapital zu beschaffen. Die Möglichkeit des Rückzugs von Depositen veranlasst einzelne Banken das Problem der Informationsasymmetrie zu reduzieren. Diese Verkettung von Ereignissen kann zur Disziplinierung des Managements und besserer Informationsversorgung der Kunden führen (*Signalling*).[149]

Balance-Sheet-Variante

Sowohl das *Diamond-Dybvig-Modell* als auch das *Calomiris-Kahn-Modell* legen ihren Fokus auf den Bankensektor als Grund für eine Finanzkrise. *Krugman* ist

---

[147] Vgl. Aschinger, G. (2001), S. 79 f.
[148] Unter Konvertibilität versteht man die Auszahlung von Depositen.
[149] Vgl. Aschinger, G. (2001), S. 80 ff.

auch der Meinung, dass neben dem Bankensektor andere Gründe für die Asien-Krise verantwortlich waren. Der Autor betrachtet den Zusammenhang zwischen der Zusammensetzung von Unternehmensbilanzen und Wechselkurskrisen.[150] Während eine hohe Fremdverschuldung Investitionen in wirtschaftlich guten Zeiten unterstützt, wirkt gerade diese sich jedoch negativ aus, wenn der Wechselkurs steigt. Ein weiteres Modell von *Krugman* betrachtet eine kleine offene Volkswirtschaft, die nur ein einzelnes Gut herstellt. Annahmegemäß soll nur der konstante Anteil *(1-μ)* der Investition I_t und des Konsums im Inland getätigt werden, während der Wert der Exporte in internationaler Währung konstant *X* beträgt. Folglich entspricht der reale Wechselkurs p_t und der Anteil *(1-α)* des Einkommens Y_t wird konsumiert. Das sich daraus ergebende Marktgleichgewicht für das heimische Gut lautet:

$$Y_t = (1-\mu)I_t + (1-\mu)C_t - p_t X = (1-\mu)I_t + (1-\alpha)(1-\mu)y_t + p_t X. \qquad (7)$$

Dies impliziert einen realen Wechselkurs von:

$$p_t = \frac{y_t[1-(1-\alpha)(1-\mu)]-(1-\mu)I_t}{X}. \qquad (8)$$

Der reale Wechselkurs hängt negativ von der Investitionshöhe ab. Die Inländer können λ Einheiten mal ihrem Vermögen W_t Kredit aufnehmen um Investitionen zu tätigen. Die maximale Investitionshöhe ergibt sich durch

$$I_t \le (1+\lambda)W_t, \qquad (9)$$

wobei die Investition nicht negativ sein darf:

$$I_t \ge 0. \qquad (10)$$

Die Inländer verlangen für ihre Investition einen Ertrag in Höhe von *(1+r)*. Dies entspricht dem Ertrag *(1+r*)* aus einem ausländischen Bond. Daraus ergibt sich die Bedingung:

$$(1+r_t)\frac{p_t}{p_{t+1}} \ge 1+r^*. \qquad (11)$$

Das Vermögen der Inländer W_t ergibt sich aus dem nicht konsumierten Anteil *(ay_t)* des Einkommens, abzüglich der einheimischen *(Z)* und ausländischen Krediten *(F)*:

$$W_t = ay_t - D - p_t Z. \qquad (12)$$

---

[150] Vgl. Krugman, P. R. (1999), S. 461 ff.

Da die Investitionen negativ vom realen Wechselkurs abhängen und der reale Wechselkurs wiederum negativ von der Investitionshöhe abhängt, können multiple Gleichgewichte (zwei Gleichgewichte) und sich selbst erfüllende Erwartungen bei den ausländischen Gläubigern entstehen. Das Vermögen der Inländer hängt durch den Wechselkurs positiv von der Höhe der Kredite ab, die von den ausländischen Gläubigern an die inländischen Schuldner vergeben werden. Dies geschieht indem die Gläubiger die Sicherheit der heimischen Schuldner beurteilen und daraufhin Kredite vergeben. Für das erste Gleichgewicht ist $I_t \leq (1 + \lambda)W_t$ erfüllt und die Inländer investieren das Maximum bei einem niedrigen realen Wechselkurs. Beim zweiten Gleichgewicht ist die Bedingung $I_t \geq 0$ erfüllt und die Inländer investieren einen Betrag gleich null. Dies führt zu einem steigenden realen Wechselkurs. Im Ergebnis kommt es auf die Erwartungen der ausländischen Kreditgeber an zu welchem Gleichgewicht es kommt.[151]

3.1.7 Zusammenfassung

Die Krisenmodelle der ersten Generation haben gezeigt, dass die Inkonsistenz der Politik eine Währungskrise hervorrufen kann. Inkonsistent war die Politik eines Landes demnach dann, wenn diese den Wechselkurs fixiert und weiterhin eine eigene Geldpolitik verfolgt, die mit einem fixen Wechselkursregime langfristig nicht vereinbar ist. In der Folge kam es zu einer Krise bei der Zentralbank, die nun über keine Devisenreserven mehr verfügte. Zusätzlich musste das fixe Wechselkursregime aufgegeben werden. Die Modelle der zweiten Generation wurden um multiple Gleichgeweichte erweitert. Das Eintreten eines bestimmten Gleichgewichts hängt hier von den Erwartungen der Wirtschaftssubjekte ab. Es kommt zu einem Krisengleichgewicht, wenn alle dieses erwarten. In der Folge gibt die Regierung das fixe Wechselkursregime auf, wenn es zu einem *Run* auf die Währung kommt. Die Folge war auch hier eine Währungskrise. Auch bei den Krisenmodellen der dritten Generation, die um den privaten Sektor erweitert wurden, spielen die Erwartungen der Wirtschaftssubjekte eine entscheidende Rolle. So kommt es zu einem *Bank Run*, wenn die Wirtschaftssubjekte erwarten, dass die Bank in Zukunft zahlungsunfähig wird.

---

[151] Vgl. Krugman, P. R. (1999), S. 465 f.

Aus rationaler Sicht ist es dann richtig, die Einlagen bei der Bank so schnell wie möglich, also auch vor Fälligkeit, abzuheben. Jedoch führt genau dieses Verhalten zur Zahlungsunfähigkeit der Bank, da diese nun ihren Zahlungsverpflichtungen nicht mehr nachkommen kann. Wegen dem „flüchtenden" Kapital kommt zu der anfänglichen Bankenkrise eine Währungskrise in den betroffenen Ländern hinzu.[152] Eine Bankenkrise kann jedoch auch entstehen, wenn die Schuldner ihre Kredite bei der Bank nicht zurückzahlen können. Hott sieht dieses Problem verstärkt, wenn die Bank nicht kontrollieren kann zu welchem Zweck die Schuldner die Kredite verwenden.[153] Hier kann es zu einer Überinvestition infolge von *Moral Hazard* kommen. Folglich kann hier nicht nur die Bank in Zahlungsschwierigkeiten geraten, sondern sich zusätzlich eine Preisblase bei risikobehafteten Assets bilden, wie bspw. bei der US-amerikanische Immobilienblase. Im Falle der Balance-Sheet-Variante führen die Erwartungen der ausländischen Gläubiger zu einer Wechselkurskrise, da die Höhe der Kredite negativ vom Wechselkurs abhängen. Alle Modelle zeigen, dass sowohl eine inkonsistente Politik als auch sich selbst erfüllende Erwartungen spekulatives Verhalten hervorrufen, das in der Folge in einer Krise endet.

---

[152] Z.B. Island, dessen Bankenkrise in der Folge zur Währungskrise der Isländischen Krone führte. Island ist daher bestrebt den Euro einzuführen.
[153] Vgl. Hott, C. (2004), S. 44 ff.

3.2 Hintergründe der transatlantischen Bankenkrise

3.2.1 Globale Ungleichgewichte

Das Phänomen der globalen Ungleichgewichte[154] soll eine Schlüsselrolle bei der Entstehung der transatlantischen Bankenkrise gespielt haben.[155] Zu überprüfen gilt, ob die Krise eine nach der EZB (2007) befürchtete „ungeordnete Korrektur" der seit langem als „unhaltbar" eingestuften Leistungsbilanzsalden[156] widerspiegelt.[157] Regelmäßig wird dabei insbesondere auf das Leistungsbilanzdefizit der USA hingewiesen, die im Jahre 2006 ein Leistungsbilanzdefizit in Höhe von 803 Mrd. USD erwirtschafteten. Entsprechend hohe Leistungsbilanzüberschüsse weisen die Gegenposten aufstrebende Volkswirtschaften Asien, bedingt durch hohe Devisenakkumulationen mit 287 Mrd. USD sowie die OPEC-Staaten, bedingt durch zuletzt hohe Rohölpreise mit 293 Mrd. USD auf. So hat China bspw. 2006 einen Leistungsbilanzüberschuss in Höhe von 9,53 % seines BIP erwirtschaftet, während die USA ein Leistungsbilanzdefizit in Höhe von 6,00 % im gleichen Zeitraum aufweisen (siehe Abbildung 9). Hierbei absorbierten die USA laut EZB (2007) im Jahre 2006 ca. 75 % der konsolidierten Nettoleistungsbilanz aus den Regionen, die Leistungsbilanzüberschüsse aufwiesen.

---

[154] Unter globale Ungleichgewichte versteht man „Auslandspositionen systemisch wichtiger Volkswirtschaften, die Verzerrungen widerspiegeln oder Risiken für die Weltwirtschaft bergen. Quelle: EZB (2007), S. 69.

[155] Vgl. Kempa, B. (2009), S. 139.

[156] Der Unterschiedsbetrag zwischen Export (EX) und Import (IM) von Gütern, Dienstleistungen und Faktoreinkommen eines Landes ergibt dessen Leistungsbilanzsaldo bzw. Nettoexporte (NX). Übersteigen die Importe die Exporte (IM>EX) eines Landes weist dieses Land einen Leistungsbilanzdefizit auf. Übersteigen die Exporte die Importe (IM<EX) weist dieses Land einen Leistungsbilanzüberschuss auf. Folglich gilt NX=EX-IM. Vgl. Krugman, P. R.; Obstfeld, M. (2009), S. 398.

[157] Vgl. EZB (2007), S. 67; Winkler, A. (2008), S. 723.

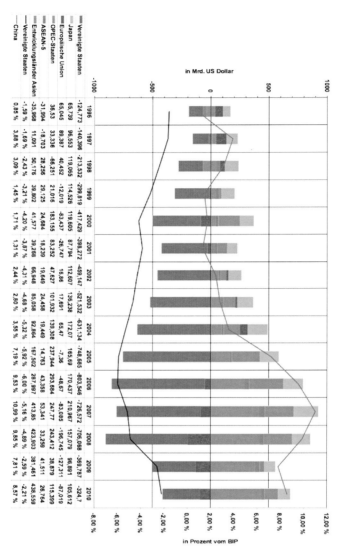

Abbildung 9: Leistungsbilanzsaldo in Mrd. US Dollar und Prozent[158]

---

[158] Quelle: IMF, WEO-Datenbank, Oktober 2009; eigene Darstellung. Die Daten ab 2009 sind vom IMF geschätzt. Die OPEC-Staaten sind Algerien, Angola, Ecuador, Iran, Irak, Kuwait, Libyen, Nigeria, Katar, Saudi Arabien, Vereinigte Arabische Emirate und Venezuela. Die verbleibenden Ländergruppen entsprechen den Definitionen des IMF, einzusehen unter URL: http://www.imf.org/external/pubs/ft/weo/2009/02/weodata/weoselagr.aspx#a405.

68

In Abbildung 10 wird das Ausmaß für das Jahr 2008 exemplarisch dargestellt. Die USA haben demnach Kapital in Höhe von 43 % ihres Leistungsbilanzdefizits importiert. Im Jahr 2006, also vor Ausbruch der transatlantischen Bankenkrise, betrug dieser noch 59,6 %. China hingegen exportierte 2008 Kapital in Höhe von 23 % ihres Leistungsbilanzüberschusses, gegenüber 17,3 % im Jahre 2006.[159] Wichtige Erkenntnis der Abbildung ist, dass die Vielzahl der Kapitalexporteure Entwicklungs- bzw. Schwellenländer sind, während die großen

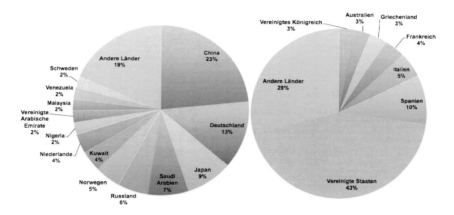

Abbildung 10: Große Nettokapitalexporteure in Prozent des jeweiligen Leistungsbilanzüberschusses (links) und große Nettokapitalimporteure in Prozent des jeweiligen Leistungsbilanzdefizits (rechts) 2008[160]

Kapitalimporteure ausschließlich Industrieländer, also Länder mit entwickelten Finanzmärkten, darstellen.[161] Aus den ehemaligen Nettoschuldnern, sind im letzten Jahrzehnt Nettogläubiger geworden.[162] Anders dargestellt weisen Länder mit einem Ersparnisüberhang einen Leistungsbilanzüberschuss auf, weil sie ihren Ersparnisüberhang in den Rest der Welt exportieren. Länder mit einer Ersparnislücke hingegen importieren durch das resultierende Leistungsbilanzdefi-

---

[159] Quelle: IMF, WEO-Datenbank, August 2007.

[160] Quelle: IMF, WEO-Datenbank, September 2009; eigene Darstellung.

[161] Vgl. z.B. *Eichengreen, B.* (2009): From the Asian crisis to the global credit crisis: reforming the international financial architecture redux, in: International Economics and Economic Policy, Vol. 6 (1), S. 1 – 22.

[162] Vgl. EZB (2007), S. 68.

zit Ersparnisse aus dem Ausland.[163] Dies gilt jedoch nicht für Direktinvestitionen. Hier kann ein Nettokapitalfluss in die Entwicklungs- bzw. Schwellenländer beobachtet werden. Der Kapitalexport der Entwicklungs- bzw. Schwellenländer[164] erreichte im Jahr 2007 seinen Höhepunkt (siehe Abbildung 11). Von den gesamten Nettokapitalströmen wurden dabei allein 69 % für die Akkumulation zentraler Devisenreserven aufgewendet.[165] Nach einem kurzen Einbruch im Jahr 2008, wird sich laut IIF der positive Aufwärtstrend weiter fortsetzen. Dem Bericht zu Folge wird auch weiterhin der Großteil aus dem öffentlichen Sektor

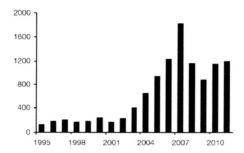

Abbildung 11: Nettokapitalströme aus den Entwicklungsländern in Mrd. USD[166]

kommen, der zur Akkumulation zentraler Devisenreserven verwendet wird. Dieses Verhalten kann als Resultat der Asienkrise 1997/98 gewertet werden, als nach dem schnellen Abzug von Portfoliokapital nicht genügend Devisenreserven zur Verfügung standen und sich daraus Währungs- und Finanz-/Bankenkrisen in den betroffenen Ländern entwickelten.[167] Ein weiterer Grund ist die mangelnde Bereitschaft fixer Wechselkursregime, darunter insbesondere China, eine deutliche Aufwertung angesichts großer außenwirtschaftlicher Überschüsse des Renminbi[168] zuzulassen. China befürchtet durch eine starke

---

[163] Vgl. Kempa, B. (2007), S. 412.

[164] Entwicklungsländer gemäß der Definition des IIF.

[165] Vgl. IIF (2008), S. 13; vgl. dazu auch Abbildung 33: Länder mit der größten Akkumulation von Devisenreserven im Anhang.

[166] Quelle: IIF (2010), S. 16.

[167] Vgl. dazu die Theorie in Kapitel 3.1.

[168] Währung der Volksrepublik China.

Aufwertung den Verlust der nationalen Wettbewerbsvorteile im Exportbereich.[169] Die Rolle der Entwicklungsländer als Kapitalexporteure widerspricht jedoch der bereits vorgestellten makroökonomischen Theorie auf Seite 35 dieses Buches, die besagt das Kapital überwiegend von den Entwicklungs- bzw. Schwellenländer in die Industrieländer fließt. *Kempa* zählt für das als *Lucas Paradoxon* bezeichnete Phänomen die reichlichere Ausstattung mit Humankapital in den Industrieländern, die latente Gefahr von Schuldenkrisen und Enteignungen sowie die schwach ausgeprägten nationalen Institutionen in den Entwicklungs- bzw. Schwellenländern als Ursachen auf.[170]

Zusammenfassend lässt sich festhalten, dass die globalen Ungleichgewichte mit zur überreichlichen Liquiditätsversorgung der amerikanischen Finanzmärkte bzw. Verzerrung der internationalen Kapitalströme[171] beigetragen haben. Weitere Ursachen für die erhöhte Liquidität in den USA werden im Folgenden Kapitel dargestellt.

3.2.2 Fehlbewertung des Kreditrisikos

In diesem Kapitel soll auf die starke Unterbewertung des Kreditrisikos vor Ausbruch der Finanzkrise eingegangen werden. Die zentrale Frage dabei ist wieso die Situation eskalieren konnte, obwohl bereits vor dem August 2007 verschiedene Zentralbanken, der IMF und die BIS vor der ernsthaften Unterbewertung des Kreditrisikos gewarnt haben.[172] Begründet werden kann dies mit der Angst der USA vor einer möglichen Preisdeflation im Anschluss an die Dotcom-Blase 2001 sowie nach *Bernanke*, die aufkommende Ersparnisschwemme (*saving glut*)[173] verschiedener Industrie- und Entwicklungsländer weltweit.[174] Die dadurch verursachten Exportüberschüsse dieser Länder fließen bspw. in das Empfängerland USA, welches wie bereits gezeigt, ein hohes Leistungsbilanzdefizit aufweist. Um der Vollständigkeit zu genügen sei angemerkt, dass das US-

---

[169] Vgl. Krugman, P. R.; Obstfeld, M. (2009), S. 855 ff.

[170] Vgl. Kempa, B. (2009), S. 141.

[171] Vgl. Welfens, P. J. J. (2009a), S. 70.

[172] Vgl. z.B. BIS (2005), S. 132; IMF (2007), Kapitel 1.

[173] Bernanke (2005) bezeichnet mit dem Begriff *„saving glut"* den Überhang an Ersparnissen in Relation zu den Investitionsmöglichkeiten.

[174] Vgl. Bernanke, B. (2005); vgl. dazu das Kapitel 3.2.1.

Leistungsbilanzdefizit auch maßgeblich einnahmeseitig durch Steuersenkungen sowie ausgabenseitig durch erhebliche Aufwendungen im Gefolge des Irak-Kriegs und der Terrorismusbekämpfung nach dem 11. September der Bush-Regierung verursacht wurde. Hinzu kommt die seit einigen Jahren stark rückläufige Sparquote der privaten Haushalte in den Vereinigten Staaten.[175] *Goodhart* sieht u.a. diese Gründe als Treiber für die weltweite Abwärtsbewegung der realen Zinsen in der nahen Vergangenheit. Im Weiteren führte die größtenteils expansive Geldpolitik der Zentralbanken, insbesondere die der USA, über einen längeren Zeitraum zu einem starken Anstieg der Geldmenge in vielen Ländern (siehe Abbildung 12). Bedingt durch die teilweise strikten

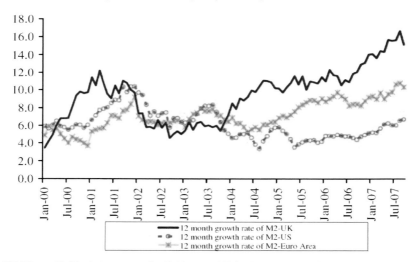

Abbildung 12: Wachstumsraten der Geldmenge M2 für das Vereinigte Königreich, die Vereinigten Staaten und den Euroraum[176]

Dollaranbindungen vieler Entwicklungs- bzw. Schwellenländer, wurden nicht nur die bereits bestehenden Inflationstendenzen bei Rohstoffen und Nahrungsmitteln verstärkt, sondern auch die Internationalisierung der Preisblase bei Vermögenswerten. *Welfens* beschreibt in einem von ihm veröffentlichtem *Working Pa-*

---

[175] Vgl. Kempa, B. (2007), S. 412.

[176] Quelle: Goodhart, C. A. E. (2008), S. 334. Die Geldmenge M2 enthält die Geldmenge M1 (gesamter Bargeldumlauf ohne Kassenbestände der monetären Finanzinstitute (MFIs) sowie Sichteinlagen inländischer nicht MFIs) einschließlich den Einlagen mit vereinbarter Laufzeit bis zu zwei Jahren und Einlagen mit vereinbarter Kündigungsfrist bis zu drei Monaten.

per den Zusammenhang zwischen Ölpreis und Zinssatz. Die US-Zinssenkung hatte demnach eine Ölpreissteigerung zu Folge. Begründet werden kann dies mit der erhöhten Aktivität von Spekulanten an den Rohstoffmärkten während Niedrigzinsphasen und fallenden Aktienkursen. Die FED hat daher zur Rettung der heimischen Kreditwirtschaft unbeabsichtigt mit zur nächsten Preisblase beigetragen.[177]

Auf der anderen Seite stieg durch das niedrige Zinsniveau in den Jahren 2001 bis 2005 (siehe Abbildung 13) der Verschuldungsgrad der Finanzinstitutionen. Diese, darunter insbesondere Investmentbanken, begannen aufgrund des Ziels der Maximierung der Eigenkapitalrendite in äußerst risikoreiche Anlageklassen zu investieren, da durch die hohen erzielten Renditen der Hedge Fonds Ende der neunziger Jahre dies auch zunehmend von den Banken gefordert wurde.[178] Um die Eigenkapitalrendite weiter zu erhöhen wurde zudem oft zusätzlich Fremdkapital in erheblichem Maße aufgenommen, um die Hebelwirkung des Fremdkapitals auf die Eigenkapitalrendite (*Leverage-Effekt*) zu verstärken. Aber auch deutsche Banken folgen diesem Anspruch des Kapitalmarkts wie bspw. Josef Ackermann, der im Jahre 2005 seinen Aktionären eine Eigenkapitalrendite in Höhe von 25 % versprach. Dass so eine Rendite mit einer stark erhöhten implizierten Risikoprämie einhergeht, wird dabei nicht bedacht bzw. nicht explizit erwähnt.[179] Die niedrige Volatilität auf den Finanzmärkten in den Jahren 2003 bis Mitte 2007 (siehe Abbildung 14) sowie die Tatsache, dass sowohl der Anstieg der Geldmenge als auch niedrige Zinsen vergleichsweise nicht zu steigender Inflation führten (siehe Abbildung 15), verringerten die Risikoaversion der Finanzinstitutionen zusätzlich. Während dieser sogenannten *Great Moderation Phase* entstand der Eindruck, dass makroökonomische Risiken nun geringer wären als sonst. Zusätzlich hatte die Vergangenheit gezeigt, dass wann immer die Finanzmärkte unter Druck geraten waren, die US-Notenbank Federal Reserve (FED) unter dem ehemaligen Notenbankchef *Alan Greenspan* intervenierte und so einen Kollaps der Finanzmärkte zu verhindern

---

[177] Vgl. Welfens, P. J. J. (2008): Portfolio modelling and growth in open economies, in: International Economics and Economic Policy, Vol. 5 (3), S. 237 – 253.
[178] Vgl. Welfens, P. J. J. (2009a), S. 19; 102.
[179] Vgl. Welfens, P. J. J. (2009a), S. 85.

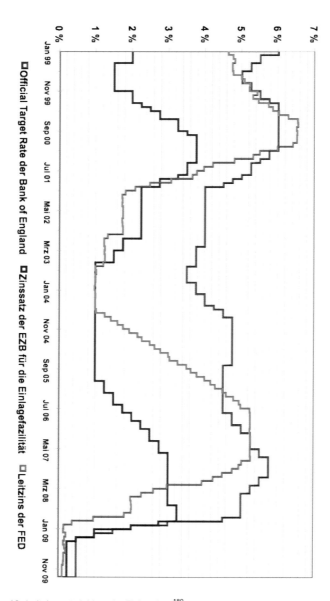

Abbildung 13: Leitzinsentwicklung im Zeitverlauf[180]

---

[180] Quelle: Bank of England; Eurostat; Federal Reserve Bank of America; eigene Darstellung.

versuchte.[181] *Krugman* stellt gerade dieses Vorgehen unter *Greenspan*, den sog. *Greenspan put,* als weitreichenden Fehler dar. Denn *Greenspan* erkannte zwar auch die Überbewertung auf dem Aktienmarkt vor der Dotcom-Blase und warnte 1996 vor einem solchen „irrationalen Überschwang",[182] jedoch wurden die Zinsen nicht erhöht, um eine „Überhitzung" des Aktienmarktes zu vermeiden. Weiterhin betont *Krugman*, dass nicht etwa die expansive Geldpolitik der FED allein ausschlaggebend für die Beendigung der Rezession nach

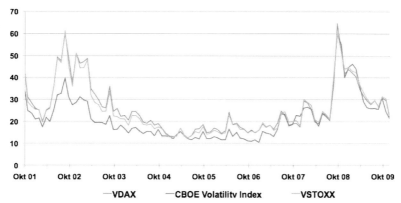

Abbildung 14: Volatilitätsindizes im Zeitverlauf (in Basispunkten)[183]

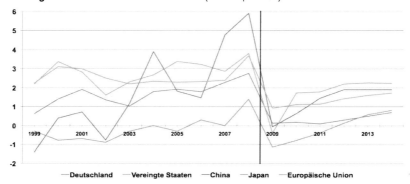

Abbildung 15: Inflationsentwicklung (jährlicher Durchschnitt in Prozent zum Vorjahr)[184]

---

[181] Vgl. Goodhart, C. A. E. (2008), S. 331. Vgl. dazu auch Anhang 4: Modell zur Entstehung von Moral Hazard bei Existenz einer Depositenversicherung.

[182] Vgl. Shiller, R. J. (2000): Irrational Exuberance, Princeton.

[183] Quelle: Handelsblatt; eigene Darstellung. Der Betrachtungszeitraum beträgt für den VDAX 45 Tage und für den CBOE Volatility Index sowie den VSTOXX 30 Tage.

dem Platzen der Dotcom-Blase in den USA war. Vielmehr sei die zufällige Tatsache dafür verantwortlich, dass sich zu diesem Zeitpunkt eine neue Blase auf dem Immobilienmarkt gebildet hatte (siehe Abbildung 16) bzw. nach *Shiller*, eben durch die Nachwirkung genau dieser Aktienblase aus mancher Hinsicht entstanden ist.[185]

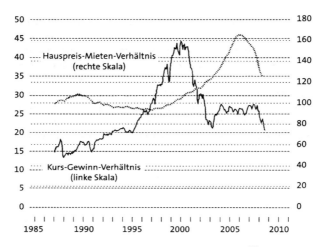

Abbildung 16: Entwicklung der Dotcom-Blase und Immobilienblase[186]

In der Allgemeinheit entstand trotzdem der Eindruck, dass die FED die Finanzmärkte sicher vor jeder Krise schützen bzw. aus einer befreien kann. Auch wenn *Greenspan* selbst die Existenz eines solchen Schutzschirms (*Greenspan put*) der Finanzmärkte bestreitet, wurde nach dem Platzen der Dotcom-Blase allgemein die Ansicht vertreten, dass Investitionen nun weniger riskant seien als vor der Jahrtausendwende.[187]

Zusammenfassend lässt sich sagen, dass alle angesprochenen Punkte nach dem Platzen der Dotcom-Blase zu einer signifikanten Unterbewertung des Risikos beigetragen haben (für statistische Daten vgl. Anhang 6: Unterbewertung des Kreditrisiko).

---

[184] Quelle: IMF, WEO-Datenbank, Oktober 2009; eigene Darstellung. Die Daten ab 2009 sind vom IMF geschätzt.
[185] Vgl. Schiller, R. J. (2008): , S. 62.
[186] Quelle: Krugman, P. R. (2009), S. 171.
[187] Vgl. Krugman, P. R. (2009), S. 165 – 179.

3.2.3 Finanzinnovationen, Ratingagenturen und Deregulierung

In Kapitel 2.1 wurde auf den mit der Globalisierung der Finanzmärkte verbundenen höheren Wettbewerbsdruck unter Banken hingewiesen. In den letzten Jahren konnten daher große Fortschritte sowohl bei der Entwicklung als auch bei der Erweiterung neuer Formen der Verbriefung (*Securitization*)[188] und der erhöhte Gebrauch von Derivaten verschiedener Art beobachtet werden.[189] Um eine neue Kundenschicht zu erreichen, begannen US-Hypothekenbanken, insbesondere weil ihnen Investmentbanken die Hypotheken abkauften, im späteren Verlauf auch Kredite mit variablen Zinsen an Schuldnern mit schlechter Bonität (sog. *subprime mortgage*) zu vergeben. In der Annahme, dass die Immobilienpreise weiter steigen, veranlasste dies eine große Anzahl US-Amerikaner schlechter Bonität ein Eigenheim zu kaufen. Die Finanzierung von Immobilien wurde zusätzlich durch erhebliche Staatseingriffe im Immobilienmarkt, bspw. durch die seinerzeit mit expliziten Staatsgarantien versehenen Immobilienfinanzierer Fannie Mae und Fredie Mac, die einen Großteil dieser zweitklassigen Kredite (Subprime Markt) aufkauften, gefördert. Der Wert des privaten US-amerikanischen Immobilienbesitzes verdoppelte sich so auf fast 22 Billionen USD in den Jahren zwischen 2001 und 2006.[190]

Die Investmentbanken betrieben eine *Originate and Distribute*-Strategie, die die Bündelung und Verbriefung der Hypotheken vorsah. Die Wertpapiere wurden dann entweder in die eigenen Bilanzen aufgenommen oder weitaus häufiger in speziell dafür gegründete Zweckgesellschaften (*Special Purpose Vehicle*) ausgelagert, die damit nicht mehr der Bankenaufsicht unterlagen. *Kempa* sieht dadurch die Begünstigung des Prozesses der regulatorischen Arbitrage, da Finanztransaktionen vermehrt im Schattenbankensystem von Geldmarktfonds, Hedgefonds, sonstigen · Investmentfonds, Private-Equity-Gesellschaften und

---

[188] Der Begriff *„Securitization"* bezeichnet die Schaffung von handelbaren Wertpapieren aus Forderungen (Zahlungsströmen) oder von Eigentumsrechten. Daraus folgt, das mittels der Securitisation Eigentumsrechte und / oder Forderungen zusammengefasst und in einem Wertpapier verbrieft werden. So werden aus ursprünglich nicht handelbare *Assets*, handelbare *Assets* gemacht. Vgl. *Bloss, M. et al.* (2009): Von der Subprime-Krise zur Finanzkrise, Immobilienblase: Ursachen, Auswirkungen, Handlungsempfehlungen, Oldenbourg Verlag, München.

[189] Vgl. Goodhart, C. A. E. (2008), S. 334.

[190] Vgl. Kempa, B. (2009), S. 141.

Finanzversicherern abgewickelt wurden, in denen die Regulierung (Aufsicht) am schwächsten ausgeprägt war.[191] Dies hatte den Vorteil, dass Banken nun in der Lage waren das Finanzrisiko aus der eigenen Bilanz auf den Kapitalmarkt zu transferieren und daher kein Eigenkapital für diese Risiken hinterlegen mussten (Basel I). Dies wiederum verstärkte die Kreditvergabe an Schuldner schlechter Bonität.[192]

Die Zweckgesellschaften bündelten die *Assets* (i.d.R. Forderungen) zu Tranchen verschiedener Risikoklassen weiter und refinanzierten den Kaufpreis durch die Begebung von ABS-Wertpapieren (*Asset Backed Securities;* forderungsbesicherte Wertpapiere).[193] Teilweise waren diese Wertpapiere derart intransparent, dass die meisten Investoren den Inhalt dieser Wertpapiere nicht nachvollziehen konnten. Solange wie große Gewinne mit diesen Wertpapieren gemacht werden konnten, schien der Inhalt auch nur zweitrangig zu sein. Da die Zweckgesellschaften in der Regel über keine bedeutsamen Eigenmittel verfügten, hängt die Qualität der ABS-Wertpapiere nicht nur von den im *Pool* zusammengefassten Forderungen, sondern auch von Sicherungszusagen des Forderungsverkäufers (*Originator*) und/oder Dritter (z.B. Banken) ab. Die einzelnen Tranchen erhalten anschließend von den Ratingagenturen eigene Bewertungen. Das darauffolgende Zusammenstellen von Tranchen verschiedener Ratingstufen ermöglicht eine neue Gesamtbewertung durch die Ratingagenturen, die in der Regel gut bis sehr gut ausfiel. Durch dieses System kann einem ABS-Wertpapier eine höhere Bonität bestätigt werden, als die einzeln darin enthaltenen Forderungen bei isolierter Betrachtung tatsächlich aufweisen würden. Wichtig dabei ist die Tatsache, dass die Ratingagenturen von den Herausgebern solcher Papiere bezahlt wurden und auf dem Markt für Ratingagenturen nur unzureichende Konkurrenz herrscht, was Interessenkonflikte implizieren kann.[194] So teilen sich die beiden US-Agenturen Standard & Poors (S&P) und Moody's ca. 80 % des *Rating*-Weltmarktes, während weitere 15 % auf die fran-

---

191 Vgl. Kempa, B. (2009), S. 142.
192 Vgl. Goodhart, C. A. E. (2008), S. 337.
193 Vgl. Welfens, P. J. J. (2009a), S. 80.
194 Das Problem des Interessenkonflikts bei Ratingagenturen wird in Kapitel 5.2 wieder aufgegriffen.

zösische Agentur Fitch entfallen.[195] *Welfens* beleuchtet verständlicherweise den Widerspruch, dass durch normierte Aufteilung verschiedener Forderungen, die Gesamtqualität eben dieser Forderungen marginal verbessert werden konnte.[196] Dennoch investierten aufgrund der guten *Ratings*, überreichlichen Liquidität und der erwarteten höheren Rendite solcher Wertpapiere Hedge Fonds, Banken, Institutionelle Anleger und Investoren auf der ganzen Welt, darunter insbesondere in Europa, in solche strukturierte Anlageformen. Dies führte zum rasanten Anstieg der Immobilienblase. *Shiller* stellt fest, dass eine weitere wichtige Ursache der Immobilienblase das fehlende Einschreiten seitens der Regulierungsbehörden gegen die aggressiv geführte Kreditvergabe[197] war, was wohl damit begründet werden kann, dass auch diese nicht ein „Platzen" der Immobilienblase erwarteten.[198]

Zusammenfassend hat die nachlässige Kreditvergabe und die anschließenden undurchsichtigen Verbriefungsarten zusammen mit den „wohlwollenden" undurchsichtigen Bewertungen der Ratingagenturen und dem Versäumnis der Regulierungsbehörden dazu geführt, dass sich eine unkontrollierbare Immobilienblase gebildet hatte.

3.2.4 Ausbruch der transatlantischen Bankenkrise Krise

Im Ganzen haben externe Kapitalzuflüsse, eine durch fehlerhafte Geldpolitik verursachte Verstärkung des Liquiditätseffekts sowie das Vorhandensein schwach regulierter Finanzmärkte zu zahlreichen Verkettungen von Ereignissen geführt, die in der transatlantischen Bankenkrise endeten. Auslöser dieser Krise waren letztendlich die zunehmenden Ausfälle im US-Subprime-Markt, als die Zinsen in den Jahren 05/06 stetig und daraufhin mehrere Schuldner ihre Hypotheken nicht mehr bezahlen konnten und somit Ausfälle in den untergeordneten

---

[195] Vgl. FAZ (2007), URL: http://www.faz.net/s/Rub09A305833E12405A808EF01024D15375/Doc~EC4EE3B3F24A64E9A9D8240AA7A5D92D5~ATpl~Ecommon~Scontent.html.

[196] Vgl. Welfens, P. J. J. (2009a), S. 81.

[197] Vgl. dazu den Depository Institutions Deregulation and Monetary Act (Gesetz zur Deregulierung öffentlicher Geldinstitute und zur Kontrolle der Geldmenge in den USA) aus dem Jahre 1980.

[198] Vgl. Shiller, R. J. (2008), Kapitel 3.

Tranchen der forderungsbesicherten Wertpapiere verursachten.[199] Als dann zusätzlich mehrere Immobilien zwangsversteigert wurden und sich im späteren Verlauf keine Käufer für diese fanden, folgten zum einen ein starker Verfall bei Immobilienpreisen Anfang 07 in den Vereinigten Staaten und zum anderen brach Panik auf dem Markt für forderungsbesicherte Wertpapiere aus.

Bedingt durch die internationalen Halter der Wertpapiere, darunter insbesondere Banken, breitete sich die anfänglich US-amerikanische Immobilienkrise auf die globalen Finanzmärkte aus. Daraus entwickelte sich eine Vertrauenskrise unter den Banken an den Verbriefungs- und kurzfristigen Interbankenmärkten, was zwangsläufig zu Refinanzierungsproblemen führte und somit zur transatlantischen Bankenkrise. Im März 08 wurde in Folge dessen die US-amerikanische Investmentbank Bear Sterns, dessen aufgelegte *Hedge Fonds* Insolvenz anmelden mussten, durch den Konkurrenten JPMorgan Chase & Co. übernommen sowie die Zwangsverwaltung der beiden amerikanischen Immobilienfinanzierer Fannie Mae und Freddie Mac durch die US-Regierung im September 08 angeordnet. Mit der unerwarteten Insolvenz der Investmentbank Lehman Brothers im September 08 (die Verbindlichkeiten dieser Investmentbank betrugen ca. 600 Mrd. USD)[200] begann schließlich ein *Run* auf Geldmarktfonds, welches in der Folge die internationalen Finanzsysteme vor dem Kollaps stellte. Die US-Regierung entschied daraufhin, auch um wahrscheinlich das versäumte Eingreifen bei Lehman Brothers wieder gut zu machen, den nahenden AIG-Konkurs durch staatliche Kredite abzuwenden und die US-Bank Washington Mutual zu verstaatlichen. In Deutschland wird zur gleichen Zeit die Hypo Real Estate durch staatlich unterstützte Kreditlinien vor der Insolvenz bewahrt und später unter Zwangsenteignung der Aktionäre im Oktober 09 verstaatlicht. Hier zeigt sich klar das Problem, das eine Insolvenz der meisten großen Finanzinstitute starke Auswirkungen auf die globalen Finanzmärkte ausüben (too-big-to-fail). Der Staat sieht sich in solchen Fällen gezwungen Bankenrettungen durchzuführen, um ein vollständiges Zusammenbrechen der Finanz-

---

199 Vgl. Goodhart, C. A. E. (2008), S. 340, 342.
200 Quelle: Welfens, P. J. J. (2009c), S. 27.

märkte zu verhindern, was bei den Banken wieder das Problem von *Moral Hazard*[201] hervorrufen kann.

Vom November 08 bis März 09 nehmen negative Konjunkturdaten und Gewinnausweise zu. Auf den Kreditmärkten sind weitere Ausfälle zu beobachten. Da die vielen staatlichen Maßnahmen keine deutliche Wende brachten, blieben die Finanzmärkte bis Anfang 2009 im höchsten Maße volatil.[202] Die größte Auswirkung hat die transatlantische Bankenkrise auf die Weltwirtschaft, die in 2009 die größte Rezession seit der Weltwirtschaftskrise 1929 durchlebt. Die aus der transatlantischen Bankenkrise resultierenden Kosten für Bankenrettungen sowie mittel- und langfristige Wachstumsverluste belaufen sich auf ca. 5 % des Weltsozialprodukts oder ca. 3.000 Mrd. USD weltweit, was zu einem massiven Anstieg der Neuverschuldungsquote bzw. Schuldenquote vieler Länder geführt hat und führen wird.[203] In den OECD-Ländern gingen die Exporte gemessen in Prozent am BIP während der Krise um 5 % zurück (siehe Abbildung 17). Die durchschnittliche Wachstumsrate des realen BIP betrug weltweit im vierten Quartal 2008 -6,2 % und im ersten Quartal 2009 -7,5 %. Insgesamt ist die Weltwirtschaft in 2009 um 1,1 % zum Vorjahr geschrumpft. In den letzten 50 Jahren hat es zwar immer wieder Verwerfungen in einigen Regionen gegeben, jedoch hat es während dieser Zeitspanne nie einen einheitlichen Rückgang der Jahresproduktion der gesamten Weltwirtschaft gegeben.[204]

---

[201] Vgl. Kapitel 3.1.2.
[202] Vgl. Harbrecht, E. (2009), S. 6 f.
[203] Vgl. Welfens, P. J. J. (2009c), S. 27; IMF, WEO-Datenbank, Oktober 2009.
[204] Vgl. Council of Economic Advisers (2010), S. 81.

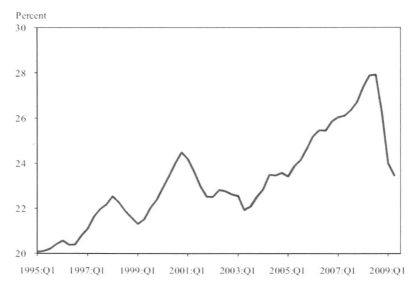

Abbildung 17: Exporte der OECD-Staaten in Prozent vom BIP[205]

---

[205] Quelle: Council of Economic Advisers (2010), S. 87.

4 Auswirkungen der transatlantische Bankenkrise auf den Prozess der Europäischen Finanzmarktintegration

4.1 Indikatoren zur Messung der Finanzmarktintegration

Auch wenn keine allgemein anerkannten Methoden zur Messung der FMI existieren, so lassen sich dennoch verschiedene Messkriterien aus den Definitionen der FMI ableiten.[206] Dabei ist zu beachten, dass der Stand der FMI mit Hilfe von quantitativen und qualitativen Indikatoren nur annährungsweise bestimmt werden kann.[207] Die Untersuchung spiegelt dabei immer die aktuellsten verfügbaren Daten der EZB wieder.

Preisbasierte Indikatoren

Die preisbasierten Indikatoren treffen die Annahme des Gesetzes des einheitlichen Preises (*law of one price*). Demnach müssen integrierte Finanzmärkte identische Finanzinstrumente mit demselben Risiko-Ertragsprofil zum gleichen Preis handeln, „unabhängig vom Ort der Emission, Transaktionskosten, Abwicklung und Verwahrung."[208] Sie messen daher die Abweichung in den Vermögenspreisen (Zinsparität) zwischen nationalen Finanzmärkten. Sinkende Zinsspreads hin zum Einheitspreis können so aufgrund vorhandener Daten direkt gemessen werden.[209] Dafür können nach *Adam et al.* die aus der Wachstumstheorie bekannte β-Konvergenz und σ-Konvergenz verwendet werden, um Fortschritte bei der Marktintegration anhand der Preise nachzuweisen. Im Falle der Zinsen misst die β-Konvergenz ob eine Angleichung stattfindet. Die Variable β bezeichnet das Tempo, mit dem sich das Zinsniveau einzelner Länder einem Gemeinsamen Benchmark-Wert anpassen. Das Ausmaß der tatsächlichen Integration kann hingegen damit nicht bestimmt werden. Die σ-Konvergenz misst ob Unterschiede im Zinsniveau für identische Vermögens-

---

[206] Vgl. Sket, M. (2002), S. 259; Keim (2009), S. 49.
[207] Vgl. Adam, K. et al. (2002); Baele, L. et al. (2004). Für eine detaillierte Aufstellung der Methoden zur Messung des Finanzintegrationsprozesses vgl. Tabelle 5 im Anhang 5.
[208] Vgl. Pagano, M. (2002); EZB (2003), S. 70.
[209] Vgl. Keim, M. (2009), S.49.

werte in unterschiedlichen Ländern im Zeitablauf abnehmen.[210] Preisbasierte Indikatoren eignen sich zur Betrachtung langer Zeiträume, da sich Trends in ihnen leichter nachweisen lassen können und die Daten präziser sind als bei mengenbasierten Indikatoren. Sie eignen sich insbesondere für den Geldmarkt und für den Markt für Staatsanleihen, da die meisten Finanzinstrumente eine hohe Homogenität aufweisen. Bei den Staatsanleihen ist zu beachten, dass die unterschiedlichen Länder des Euroraums keine identischen Systemrisiken aufweisen und daher das Kreditausfallrisiko unterschiedlich hoch ist. Ein weiterer Nachteil ist, dass Abweichungen in den Zinsen auf den nationalen Finanzmärkten auch ohne Zunahme grenzübergreifender Kapitalflüsse erfolgen können.[211] Im Weiteren kann Vermögensarbitrage u.a. wegen Unterschieden in den Kapitalverkehrskontrollen, Steuersystemen, Rechnungslegungen und des jeweils geltenden Konkursrechts ausbleiben. Ein weitere Möglichkeit für unterschiedliche Preise trotz identischer *Assets* können Informationsasymmetrien darstellen. Aus ökonomischen, aufsichtsrechtlichen und politischen Gründen kann also das Gesetz des einheitlichen Preises nicht erfüllt sein.[212]

Mengenbasierte Indikatoren

Im Gegensatz zu den preisbasierten Indikatoren ermitteln mengenbasierte Indikatoren die FMI anhand des auf den Märkten gehandelten Volumens dieser Instrumente. So kann bspw. auf den Integrationsstand des Kreditmarktes über die Höhe der grenzüberschreitenden Kreditvolumen von Banken an Nicht-Banken oder dem Interbankvolumen geschlossen werden. Lässt sich im Zeitablauf eine Zunahme des Kreditvolumens feststellen, so sind entweder Handelshemmnisse abgebaut worden oder deren Bedeutung hat für die Strategie der Kreditinstitute nachgelassen. Laut der Definition der EZB nimmt die Integration zu, wenn die Wirtschaftssubjekte leichte Zugänge zu ausländischen Finanzinstitutionen haben.[213] Daher kann über die Zunahme der grenzüberschreitenden Transaktionen auf den ungesicherten Geldmärkten ebenfalls eine Aussage über die Integration auf diesem Markt gemacht werden, während die Zunahme des

---

[210] Vgl. Baele, L. et al. (2004), S. 15 ff.; Speyer, B. (2006), S. 4; Adam, K. et al. (2002).
[211] Vgl. Adam, K. et al. (2002), S. 13; . Kilger, M. H. (2007), S. 57.
[212] Vgl. Speyer, B. (2006), S. 4.
[213] Vgl. Baele, L. et al. (2004), S. 21.

Anteils von ausländischen Unternehmens- oder Staatsanleihen im Portfolio von Finanzinstituten ebenfalls auf ein erhöhtes Integrationsniveau hindeutet.[214] Kritik erfahren die mengenbasierten Indikatoren vor allem wegen ihrer fehlenden Fähigkeit den tatsächlichen Integrationsgrad von Finanzmärkten zu messen. Mit ihnen ist lediglich die Beurteilung des Internationalisierungsgrades möglich.[215] Daher sollten mengenbasierte Indikatoren nur als zusätzliche Informationsquelle zu den preisbasierten Indikatoren benutzt werden.

Nachrichtenbasierte Indikatoren

Nach *Baele et al.* sollten zu den preis- und mengenbasierten Indikatoren auch auf Nachrichten basierende Indikatoren beachtet werden, damit erfasst werden kann, in welchem Umfang Zinsen und Vermögenspreise durch Nachrichten aus der gesamten EU bzw. einem einzelnen Land beeinflusst werden. Bei den nachrichtenbasierten Indikatoren wird nach *Keim* „die Wirkung gemeinsamer Informationsfaktoren auf die Ertragsprozesse von Vermögenswerten gemessen."[216] Nachrichten aus einem einzelnen Land sollten bei vollständig integrierten Finanzmärkten keine bzw. vernachlässigbare Auswirkungen auf die Vermögenspreise haben, da diese in einem solchen Fall vollständig wegdiversifiziert werden können. Daher kann also das Ausmaß, in dem sich Änderungen der Vermögenspreise durch EU-weite Schocks erklären lassen, als Maßstab für die FMI dienen.[217]

4.2 Die Geldmärkte

Der seit Einführung des Euro 1999 stark integrierte europäische Geldmarkt zeigt besonders starke Auswirkungen im Hinblick auf die Bankenkrise. Nach Einführung des Euro sanken die Standardabweichungen der durchschnittlichen Bankenzinsen für grenzüberschreitende ungesicherte Kredite am Interbankenmarkt von über 100 Basispunkten Anfang 1998 auf fast 0 Basispunkte in den Jahren 1999 bis Mitte 2007 (siehe Abbildung 18). Laut dem preisbasierten Indikator war der ungesicherte Geldmarkt in diesem Zeitraum praktisch zu einem

---

[214] Kilger, M. H. (2007), S. 59.
[215] Vgl. Speyer, B. (2009), S. 7; Keim, N. (2009), S. 49.
[216] Vgl. Keim, N. (2009), S. 49; Baele, L. et al. (2004).
[217] Vgl. Speyer, B. (2006), S. 5.

Markt integriert. Im Gegensatz dazu weist der gesicherte Geldmarkt einen nicht so hohen Integrationsgrad auf, jedoch kann auch hier von einem hoch integrierten Markt gesprochen werden.[218] Mit Ausbruch der Krise im August 2007 erhöhte sich die Volatilität der Zinsen am kurzfristigen Geldmarkt. Dabei spiegeln die Verlaufsformen der Standardabweichungen der durchschnittlichen Bankzinssätze in Abbildung 18 den Verlauf der Bankenkrise wieder. Das extrem hohe Kreditrisiko hatte große Auswirkungen auf die Zinsen, der Volatilität und den Spread im europäischen Geldmarkt. So führte der Konkurs der amerikanischen Investmentbank Lehman Brothers im September 2008 zum Anstieg des Spreads zwischen den EURIBOR-Sätzen und dem *Overnight Index Swap* (OIS) von anfänglich ca. 60 bis 80 Basispunkten zwischen August 2007 und August 2008, auf eine Höhe von 180 Basispunkten im September und Oktober 2008. Vor Ausbruch der Krise lag dieser bei 5 – 7 Basispunkten.[219] Deutliche Spannungen am Geldmarkt in der Eurozone beweist auch die EONIA-Verlaufskurve (*Euro Over Night Index Average*[220]) in Abbildung 18. Nachdem nahezu ein Level von einem Basispunkt in 2006 erreicht wurde, stieg die Standardabweichung auf vier Basispunkte in 2006, bevor diese Ende Februar 2008 ihren vorläufigen Höchststand bei 15,36 Basispunkten erreichte.[221]

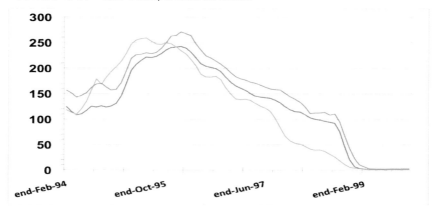

---

[218] Vgl. OECD (2009a), S. 58; EZB (2006), S. 6.
[219] Vgl. EZB (2010), S. 74.
[220] Der EONIA bezeichnet den Referenzzinssatz für unbesicherte täglich fällige Interbankeinlagen.
[221] Vgl. EZB (2009c), S. 13.

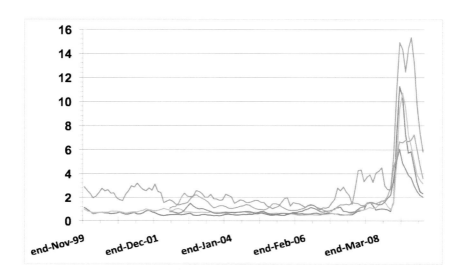

—Cross-country standard deviation of unsecured lending rates among euro area countries, 1-month maturity
—Cross-country standard deviation of unsecured lending rates among euro area countries, 12-month maturity
—Cross- country standard deviation of repo rates among euro area countries, 1-month maturity
—Cross- country standard deviation of repo rates among euro area countries, 12-month maturity
—Cross-country standard deviation of the average overnight lending rates among euro area countries

Abbildung 18: Grenzüberschreitende Standardabweichungen der durchschnittlichen Bankzinssätze im Euroraum[222]

---

[222] Quelle: EZB, Indicators of financial integration in the euro area; eigene Darstellung.

Laut *EZB* konnte ein Vergleich mit Hilfe preisbasierter Indikatoren für grenz-überschreitende und grenzinterne Daten, eine stärkere Auswirkung im grenz-überschreitenden Bereich für 2008 nachweisen. Eine Untersuchung mit Hilfe mengenbasierter Indikatoren lieferte hingegen keine eindeutigen Ergebnisse. Während der Umsatz im nationalen Bereich des ungesicherten Geldmarktes zunahm, lässt sich auch eine Zunahme des Anteils der Transaktionen aus dem grenzüberschreitenden Eurobereich in den Repo-Markt[223] beobachten. Insgesamt ist der Umsatz aber auch im Repo-Markt gesunken, da die Banken nach Ausbruch der Vertrauenskrise nahezu keine Besicherungen mehr mit ABSs oder CDOs bei Repo-Transaktionen akzeptierten (siehe Abbildung 19). Die unsichere Einschätzung der Kreditwürdigkeit der Gegenpartei sowie die Unsicherheit über die eigene Liquidität veranlassten die Banken zur Kapitalhortung bzw.

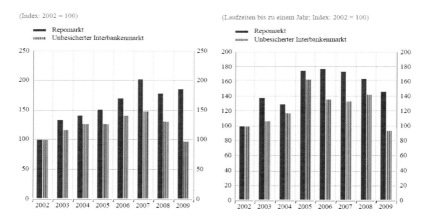

Abbildung 19: Umsatz Kreditgewährung/Kreditaufnahme (links) und laufzeitgewichteter Umsatz Kreditgewährung/Kreditaufnahme (rechts) am Interbankengeldmarkt[224]

Kapital nur für einen sehr kurzen Zeitraum zu verleihen oder vermehrt am gesicherten Geldmarkt zu agieren. Nach relativ kurzer Zeit entstanden so Liquidi-

---

[223] Auf einem Repo-Markt können sogenannte Rückkaufvereinbarungen (Repo) gekauft werden. Ein Repogeschäft ist daher eine Vereinbarung zwischen Kreditnehmer und einem Kreditgeber, bei der der Kreditnehmer gegen einen bestimmten Barbetrag Vermögenswerte an den Kreditgeber verkauft und sich verpflichtet, diese (oder ähnliche) Vermögenswerte zu einem späteren Zeitpunkt zum selben Preis zzgl. Zinsen als Entgelt für die Überlassung des Barbetrags zurückzukaufen. Quelle: EZB (2010), S. 72.

[224] Quelle: EZB (2010), S. 75 f.

tätsengpässe am ungesicherten Geldmarkt für Laufzeiten länger als eine Woche. Selbst für die wichtigen Übernachtgeschäfte konnte eine geringe Liquidität verzeichnet werden. Der Umsatz fiel in 2009 unter das Niveau von 2002 (linke Abbildung). Bleiben die Laufzeiten der Transaktionen unberücksichtigt, so kann ein besserer Indikator gewonnen werden (rechte Abbildung).[225] Dieser behandelt Transaktionen mit einer Laufzeit von einem Jahr und einem Tag gleich. Sowohl im gesicherten als auch im ungesicherten Geldmarkt lässt sich im Vergleich zu 2007, ein deutlicher Umsatzrückgang nach Ausbruch der Bankenkrise feststellen. Neben dem Abbau von Fremdkapital bei den Banken (*Deleveraging*), kann der Umsatzrückgang am Repo-Markt mit den unkonventionellen politischen Geldmarktmaßnahmen des Eurosystems erklärt werden. Die Liquiditätsbereitstellung führte dazu, dass Banken ihr Refinanzierungsvolumen beim Eurosystem erhöhen und daher weniger Mittel am Interbankenmarkt aufnehmen. Die Liquiditätsmaßnahmen haben somit einen Teil der Transaktionen am Interbankenmarkt ersetzt.[226] Zusätzlich führte das Eurosystem im Rahmen des am 6. Juli 2009 initiierten Programms zum Ankauf gedeckter Schuldverschreibungen weiterhin entsprechende Direktkäufe durch.

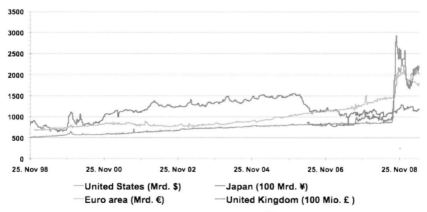

Abbildung 20: Bilanzsummen ausgewählter Zentralbanken[227]

---

[225] Der laufzeitgewichtete Umsatz entspricht der Summe der Volumina aller mit der jeweiligen Laufzeit in Tagen multiplizierten Transaktionen. Quelle: EZB (2010), S. 75.

[226] Vgl. EZB (2010), S. 77.

[227] Quelle: OECD (2009b), S. 41; eigene Darstellung.

Auf der einen Seite beruhigt dieses Vorgehen zwar die Märkte, führt jedoch auf der anderen Seite zu einer nie dagewesenen Ausweitung der Bilanzsumme der Zentralbanken (siehe Abbildung 20).[228]

Diese Daten allein lassen jedoch keine sichere Aussage über den Integrationsgrad des Geldmarktes zu, da ein Großteil der Transaktionen im Direkthandel (*over the counter*) stattfindet. Die EZB führt daher jährlich eine Befragung von Kreditinstituten durch. Diese ergab, dass der Anteil des täglichen Umsatzes im ungesicherten Geldmarkt innerhalb nationaler Grenzen von 27,7 % in 2007 auf 34,3 % in 2009 gestiegen ist. Das Geschäft mit grenzüberschreitenden Gegenparteien im Euroraum fiel hingegen von 51,2 % in 2007 auf 42,0 % in 2009, während die grenzüberschreitenden außereuropäischen Transaktionen relativ stabil blieben.[229] Dieser Trend findet auch Bestätigung durch das rückläufige Transaktionsvolumen auf e-MID, der elektronischen Handelsplattform des europäischen Interbankenmarkts. Vor Ausbruch der Finanzmarktturbulenzen wurden ca. 17 % aller europäischen Interbanktransaktionen über diese Plattform getätigt. Seit Juli 2007 haben sich die Umsätze auf dieser Plattform, im Vergleich zum erwarteten Umsatz vor Ausbruch der Finanzmarktturbulenzen, halbiert. Aber auch diese Zahlen allein können kein eindeutiges Indiz für eine rückläufige Integration bzw. einer zunehmenden Segmentierung des Geldmarktes in der EU sein. Denn seit Ausbruch der Krise agieren vornehmlich Banken hoher Kreditwürdigkeit, sog. Geldzentren, auf dieser Plattform. Die sich erhöhte durchschnittliche Qualität der grenzüberschreitenden Kreditnehmer führte zu geringeren Zinsen. Kleinere Banken, dessen Kreditrisiken in der Regel höher sind, agieren vermehrt auf dem heimischen Markt, in dem die Zinsen, aufgrund der relativ schlechteren Qualität der Schuldner, höher sind. Die Bankenkrise scheint daher ein Zwei-Stufen-System auf dem ungesicherten Geldmarkt erzwungen zu haben, in dem kleine Banken auf die Liquiditätsbereitstellung international agierender Geldzentren vertrauen.[230]

Für den gesicherten Geldmarkt können ebenfalls nur Umfragedaten der EZB

---

[228] Vgl. OECD (2009b), S. 40 f.; EZB (2010), S. 28 f.
[229] Vgl. EZB (2008c), S. 6; EZB (2009d), S. 7.
[230] Vgl. EZB (2009c), S. 32 f.

herangezogen werden. Dazu wird überprüft welchen Ursprung die benutzten Sicherheiten bei Repo-Transaktionen haben. Werden überwiegend nationale Assets in Repo-Transaktionen genutzt, so deutet dies auf eine geringere Fähigkeit im grenzüberschreitenden Markt zu handeln und vice versa. Laut EZB konnte in 2008 eine erhöhte Nachfrage nach Repos, die mit Assets aus dem Euroraum besichert sind, festgestellt werden. Dieser Anteil ist von 60,6 % in 2007 auf 64,1 % in 2008 gestiegen und in 2009 zurück auf 60,7 % gefallen.[231]

Zusammenfassend zeigt der ungesicherte Geldmarkt einen deutlichen Rückzug hinter nationale Grenzen, während der gesicherte Geldmarkt nur geringe negative Auswirkungen zeigt. Wie aber bereits in Kapitel 4.1 ausgeführt, ist bei der Interpretation volumenbasierter Indikatoren zu beachten, dass diese keine klare Aussage über das Niveau der Marktintegration geben können. Höhere grenzüberschreitende Kapitalströme sind keine notwendige Bedingung für eine erhöhte Integration. Vielmehr ist die Wettbewerbsfähigkeit auf den Märkten ausschlaggebend, da diese zur Angleichung der Preise führt (*law of one price*). Aufgrund von rechtlichen Barrieren und die auf unterschiedliche Nachfragestrukturen zurückzuführende Marktmacht der Banken, können Märkte trotz erhöhter grenzüberschreitender Kapitalflüsse voneinander getrennt bleiben.

4.3 Der Markt für Staats- und Unternehmensanleihen

Der Markt für Staatsanleihen

Trotz der eingesetzten „Flucht" in die weniger risikoreichen Staatsanleihen (*flight to safety*), erfuhr der Staatsanleihenmarkt starke Belastungen durch die Bankenkrise. Seit Einführung des Euro, für Griechenland seit 2001, bewegen sich die Spreads der Zinsen für Staatsanleihen der Länder der Währungsunion mit zehn jähriger Laufzeit vis-a-vis einer deutschen Staatsanleihe nahe Null, was auf eine hohe Integration während dieser Zeit schließen lässt. Begründet werden kann dies durch die Eliminierung der Prämie für das Wechselkursrisiko. Zusätzlich wurde eine starke Angleichung der Inflationsraten im Vorfeld der Euroeinführung durch die zunehmende Angleichung der Wirtschaftspolitik erreicht.

---

[231] Vgl. EZB (2008c), S. 9; EZB (2009d), S. 11, 14.

Des Weiteren haben die Einschränkungen der Fiskalpolitik im Stabilitäts- und Wachstumspakt der EU dazu beigetragen, dass das wahrgenommene Kreditrisiko gering gehalten werden konnte.[232]

In einem perfekt integrierten Staatsanleihenmarkt sollte der Spread laut Definition (*law of one price*) bei null liegen.[233] Der Spread zwischen Staatsanleihen der Länder des Euroraums zum Benchmark Deutschland erhöhte sich jedoch ab Juni 2008 stark (siehe Abbildung 21 links). Grund waren die Herabstufungen der Bonität einiger Länder und der Zusammenbruch von Lehman Brothers. Hinzu kommt, dass das Risiko der Banken teilweise auf den Staat durch Rettungsmaßnahmen bzw. durch Bereitstellung von Hilfspaketen umgewälzt wurde, was zum großen Teil den Anstieg der *Credit Default Swap*-Prämien[234] (CDS-Prämie) erklärt (siehe Abbildung 21 rechts).[235] Für Griechenland erreichte der Spread bspw. so fast 300 Basispunkte Ende 2008. Der Fall Island hatte in 2008 bereits gezeigt welche Auswirkungen die transatlantische Bankenkrise auch auf eines der reichsten Länder der Welt haben kann.[236]

---

[232] Vgl. Baele, L. et al. (2004), S. 38.
[233] Vgl. Pagano, M. (2002).
[234] Mittels eines CDS (Kreditderivat) können Kreditrisiken gehandelt werden.
[235] Vgl. EZB (2009c), S. 36.
[236] Laut *Human Development Index* (HDI) in 2008.

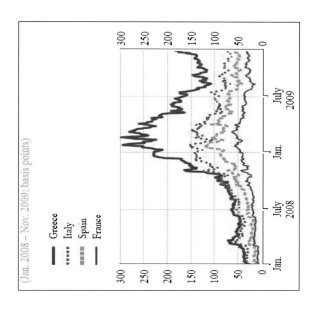

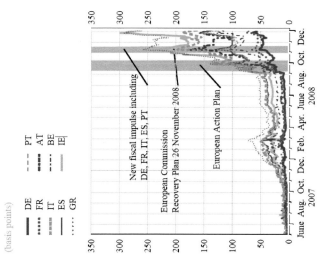

Abbildung 21: Spread der jeweiligen Staatsanleihe mit zehn jähriger Laufzeit vis-a-vis einer deutschen Staatsanleihe (links) und CDS-Prämien und Finanzmarktmaßnahmen (rechts)[237]

---

[237] Quelle: EZB (2009e), S. 69; EZB (2009c), S. 36.

Zu den bereits erhöhten Spreads kommt noch hinzu, dass die schlechten Fundamentaldaten einiger Länder der EU Spekulationen mit CDS für Staatsanleihen eben dieser Länder hervorgerufen haben. Spekulanten „wetten" aufgrund der anhaltenden Problematik der Staatsfinanzen auf eine Verteuerung dieser Papiere und damit auf eine spätere gewinnbringende Veräußerung. Problematisch wird dies deshalb, weil die Spekulanten tatsächlich keine Anleihen dieser Staaten halten (ungedeckte Leerverkäufe oder engl. *naked short-selling*) [238] und eine höhere Nachfrage zu höheren Preisen dieser CDS führt. Höhere Preise werden vom Markt als ein erhöhtes Ausfallrisiko dieser Staatsanleihen interpretiert. Für neues Kapital müssen diese Länder in der Folge höhere Zinsen bezahlen. Anhaltende Spekulationen auf Zahlungsausfälle dieser Länder können sich im Extremfall zur selbst erfüllenden Prophezeiung entwickeln und tatsächlich eintreten.[239] Wie bereits in Kapitel 3.1.1 dargestellt, kann Spekulation in Normalzeiten aber auch zur Verstetigung der Preise führen (preisstabilisierende Spekulation). Den Konvergenzprozess der Preise für Staatsanleihen haben zu einem erheblichen Maße institutionelle Investoren vorangetrieben, die durch Realisierung von Arbitragegewinnen und durch Portfolioumschichtungen zur grenzüberschreitenden Verstetigung der Preise beigetragen haben.

Dennoch ist der oben vorgestellte preisbasierte Indikator zur Beurteilung des Integrationsgrads nur bedingt geeignet, da dieser impliziert dass die verschiedenen Staatsanleihen gleiche Systemrisiken aufweisen. Gegen diese Annahme spricht auch der Vertrag von Maastricht, der gem. der "No-bail-out"-Klausel[240] explizit festhält, dass kein Euro-Teilnehmerland für die Schulden eines anderen Mitgliedstaats aufkommen oder haften muss. Investoren werden daher von ei-

---

[238] Bei ungedeckten Leerverkäufen ist der Spekulant zum Zeitpunkt des Geschäftabschluss nicht im Besitz der Wertpapiere. Dieser bietet am Markt Wertpapiere zum aktuellen Marktpreis an, dessen Besitz er aber erst in der Zukunft erlangen wird. Ziel ist die Wertpapiere zu einem späteren Zeitpunkt günstiger einzukaufen und an den Handelspartner auszuliefern. Die Differenz aus diesem Geschäft entspricht abzgl. Transaktionskosten und Gebühren dem Gewinn. Problematisch ist aber die preisdrückende Wirkung die entsteht, wenn eine erhöhte Menge eines bestimmten Wertpapiers zum Kauf angeboten wird. Andere Marktteilnehmer können nicht erkennen ob der Verkäufer wirklich im Besitz der Wertpapiere ist oder nicht. Fällt hingegen der Preis nicht wie erwartet, ist der Spekulant gezwungen die Aktien zum höheren Preis am Markt zu erwerben, so z.B. geschehen in 2008 mit Aktien von Volkswagen.
[239] Vgl. dazu Kapitel 3.1.1; Anhang 3: Währungskrisenmodelle.
[240] Vgl. Art. 125 AEUV.

nem Land, welches hohe Schuldenbestände aufgebaut hat und zudem eine unvertretbare Fiskalpolitik betreibt, eine höhere Risikoprämie fordern.

Ein aussagefähiger Indikator kann aber mit Hilfe der Beta-Konvergenz gebildet werden. In Abbildung 22 wird dieser Indikator für ausgewählte Länder der EU dargestellt. Wie in Kapitel 4.1 beschrieben, gibt dieser die erwartete Korrelation der Veränderung einer 10-jährigen Staatsanleihe eines Staates mit der als

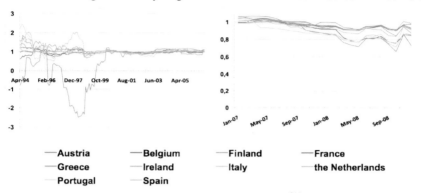

Abbildung 22: Beta-Konvergenz im Zeitverlauf (in Basispunkten)[241]

Benchmark dienenden Rendite einer 10-jährigen deutschen Staatsanleihe wieder. Je stärker der Markt integriert ist, desto stärker sollte Beta sich dem Wert Eins annähern.[242] Der rechte Teil der Grafik zeigt, dass die Mitte 2007 eingesetzten Finanzmarktturbulenzen zu einer Abweichung des im Jahre 1998 erreichten Stands nahe Eins, mit Ausnahme Griechenlands, geführt haben. Um daraus einen Schluss zu formulieren, ist das Verständnis der Betaentwicklung im Zeitverlauf erforderlich. Auf der einen Seite haben sich die Renditen der einzelnen Staatsanleihen nach Einführung des Euro an die Rendite einer deutschen Staatsanleihe angeglichen. Diese Korrelation erklärt die Angleichung der Beta-Werte der Länder, die vorher einen relativ geringen Betawert aufwiesen, nahe Eins. Auf der anderen Seite konnte seit 1999 eine stärkere Korrelation der Volatilität der Rendite bei den Ländern, die einen höheren Beta-Wert als

---

[241] Quelle: EZB, Indicators of financial integration in the euro area; eigene Darstellung.
[242] Vgl. EZB (2006), S. 9 f.

Deutschland aufwiesen, zu deutschen Staatsanleihen beobachtet werden.[243] Dies erklärt warum in einem integrierten Markt die Beta-Werte gegen Eins konvergieren. Demnach hatten nationale Einflüsse bis Mitte 2007 eine weitaus geringere Auswirkung auf den Markt für Staatsanleihen als vor der Währungsunion. Fallen die Beta-Werte einzelner Staaten in Folge der Finanzmarktturbulenzen unter eins, wie die untenstehende rechte Abbildung zeigt, so kann dies durch den Anstieg der Zinsen für ausländische Staatsanleihen, wie bspw. Griechenland oder Portugal, erklärt werden. Die Renditen dieser Staatsanleihen werden nun verstärkt durch nationale Faktoren bestimmt als vor Ausbruch der Bankenkrise. Folglich ist der bis zum Jahre 2007 erreichte hohe Integrationsgrad im Markt für Staatsanleihen zurückgegangen, verbleibt aber dennoch auf einen hohen Stand.

Der Markt für Unternehmensanleihen

Die Renditen für Unternehmensanleihen werden in der Regel durch das *Rating*, die Laufzeit, die Liquidität des Unternehmens selbst und die Cash-Flow-Struktur beeinflusst. In einem perfekt integrierten Markt sollten die Auswirkungen dieser Faktoren in allen Ländern identisch sein. Es ist daher möglich den Grad der Integration mittels Varianzzerlegung zu messen (nachrichtenbasierter Indikator). Überprüft werden die Ursprünge der Erklärungseinflüsse im Hinblick auf den Spread der risikoadjustierten Rendite[244] für Unternehmensanleihen. Als Benchmark dient die Rendite einer 10-jährigen deutschen Staatsanleihe mit gleicher Laufzeit.[245] Der Anteil nationaler sowie firmenspezifischer Einflüsse (*Rating*), mit denen der Spread der Rendite erklärt werden kann, sollte in einem integrierten Markt nahe null liegen und damit vernachlässigbar sein.[246] Der Spread sollte vielmehr durch Faktoren erklärt werden können, die auf alle beteiligten Länder die gleichen Auswirkungen haben. Folgt man dieser Definition, so stellt der in Abbildung 23 nachrichtenbasierte Indikator einen hoch integrierten Markt für Unternehmensanleihen der betrachteten Staaten Österreich, Frank-

---

[243] Vgl. Baele, L. et al. (2004), S. 41 f.

[244] Bei der risikoadjustierten Rendite wird die erzielte Rendite in Relation zum eingegangen Risiko gesetzt. Damit wird eine bessere Vergleichbarkeit von Renditen erreicht.

[245] Vgl. EZB (2006), S. 9 – 10, 49.

[246] Vgl. Baele, et al. (2004), S. 17.

reich, Deutschland, Irland, Niederlande und Spanien dar. Sowohl vor als auch nach Ausbruch der Bankenkrise üben nationale Faktoren, trotz eines minimalen Anstiegs seit August 2007 von 0,43 % Prozent, einen nur sehr geringen Einfluss auf die Varianz der Spreads der risikoadjustierten Rendite aus. Die Spreads reagieren nun hauptsächlich auf Schocks und Nachrichten, die den gesamten Euroraum betreffen.

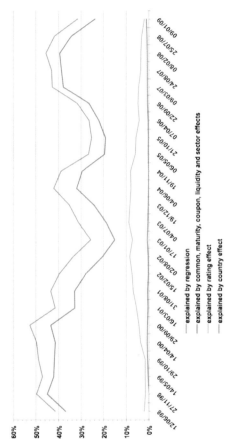

Abbildung 23: Varianzzerlegung zur Ermittlung der Erklärungseinflüsse für den Spread der Renditen für Unternehmensanleihen Proportion of cross-sectional variance explained by various factors[247]

---

[247] Quelle: EZB; eigene Darstellung. Basiert auf dem Merrill Lynch EMU Corporate Bond Index.

Mengenbasierte Indikatoren für Staats- und Unternehmensanleihen

In Abbildung 24 wird die Bestandsentwicklung von Darlehenssicherheiten, aus-gegeben von Staaten und Nicht-Finanzunternehmen aus dem grenzüberschreitenden Euroraum, dargestellt, die von Finanzanstalten des Euroraums gehalten werden. Insgesamt zeigt sich eine deutliche Zunahme des Besitzes von Darlehenssicherheiten aus dem grenzüberschreitenden Euroraum der Finanzanstalten. Dieser Anteil nahm von anfänglich 14,7 % im September 1997 auf 40,7 % im März 2006 zu und fiel dann wieder bis auf 32,1 % im Juni 2009 zurück. Dieser Trend findet sich auch bei den hinterlegten Kreditsicherheiten (*collaterals*) beim Eurosystem wieder (siehe Abbildung 25). Der Anteil der grenzüberschreitenden Kreditsicherheiten nahm bis 2006 von 27,7 % auf 50,2 % zu und fiel wieder um 5,2 % auf 45 % in 2008 zurück. Wichtig ist dabei, dass eine Zunahme der Kreditsicherheiten aus dem grenzüberschreitenden Euroraum, auch auf einen zunehmenden Einstieg von Marktteilnehmern aus dem grenzüberschreitenden Euroraum in nationale Märkte hindeutet. Aus den mengenbasierten Indikatoren kann aber auch geschlossen werden, dass sich nach Ausbruch der Finanzmarktturbulenzen ein kleiner Anteil der Marktteilnehmer hinter nationale Grenzen zurückgezogen hat.

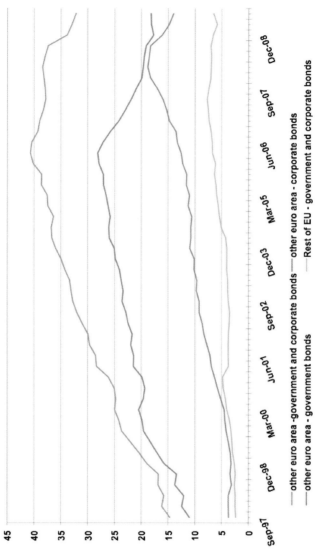

Abbildung 24: Herkunft der Kreditsicherheiten der Finanzanstalten ausgegeben von Staaten und Nicht-Finanzanstalten (in Prozent des gesamten Bestands)[248]

---

[248] Quelle: EZB, Indicators of financial integration in the euro area; eigene Darstellung.

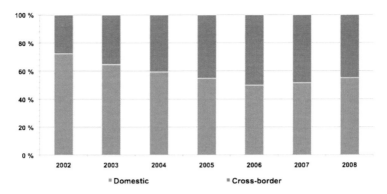

Abbildung 25: Herkunft der benutzten Sicherheiten bei Kreditgeschäften des Eurosystems[249]

Insgesamt betrachtet, bestätigen die mengenbasierten Indikatoren das Ergebnis des preisbasierten Integrationsparameters β, der auf dem Markt für Staatsanleihen erhebliche negative Auswirkungen auf den Integrationsgrad in 2008 nachweist. Eine leichte Normalisierung hat jedoch wieder bereits eingesetzt. Dagegen erfuhr der Markt für Unternehmensanleihen nur sehr geringe Auswirkungen durch die Bankenkrise. Der mengenbasierte Indikator zeigt zwar auch hier einen verstärkten Rückzug hinter nationale Grenzen, jedoch können wie bereits dargestellt abnehmende grenzüberschreitende Kapitalflüsse kein Indikator für eine zurückgehende FMI sein. Der Markt für Unternehmensanleihen bleibt weitgehend integriert in dem Sinne, dass das Emissionsland für Renditedifferenzen nur von marginaler Bedeutung ist.

4.4 Die Aktienmärkte

Verschiedene Studien haben ergeben, dass Kapitalkosten mit dem Integrationsgrad der Aktienmärkte fallen. Begründet werden kann dies mit der Möglichkeit, dass internationale Investoren das länderspezifische Risiko durch Diversifizierung ihrer Portfolios minimieren können.[250] In Folge niedriger Kapitalkosten steigen in der Regel auch die Investitionen, was das Wirtschaftswachstum fördert. Unternehmen haben also in integrierten Aktienmärkten einen stärkeren

---

[249] Quelle: EZB, Indicators of financial integration in the euro area; eigene Darstellung.
[250] Vgl. Kapitel 2.3.1: Theoretischer Nutzen einer Finanzmarktintegration.

Zugang zu Kapital und unterliegen nicht mehr ausschließlich dem inländischen Kapitalangebot.[251]

Aus Sicht der Integration von Aktienmärkten, sollten die Preise daher hauptsächlich durch Faktoren, die auf alle Länder des Euroraums gleiche Auswirkungen haben, beeinflusst werden. Ob diese Aussage zutrifft, kann mit Hilfe der Arbeit von *Adjaouté* und *Danthine* überprüft werden. Die Autoren haben den Zeitraum von 1987 bis 2002 in zwei Phasen aufgeteilt. Phase 1 umfasst den Zeitraum von Mai 1987 bis Dezember 1994 und stellt einen Zeitraum dar, der eine nur sehr geringe Korrelation der Renditen von Aktien bei grenzüberschreitenden Investitionen aufweist. Phase 2 umfasst den Zeitraum von Januar 1995 bis Februar 2002[252] und stellt einen Zeitraum dar, der für diesen Bereich eine signifikant höhere Korrelation aufweist.[253] Richtig ist, dass je stärker der Aktienmarkt integriert ist, desto höher sollten die Diversifikationsmöglichkeiten bei branchenübergreifenden Investitionen im Gegensatz zu länderübergreifenden Investitionen sein, da aufgrund hoch integrierter Aktienmärkte auch die Renditen von Aktien aus verschiedenen Ländern stark miteinander korrelieren. Aus dieser Erkenntnis kann in Abbildung **26** ein preisbasierter Indikator gewonnen werden. Dieser vergleicht die Abweichung der branchenübergreifenden (*sector-dispersion*) mit den länderübergreifenden (*country-dispersion*) Gesamterträgen von Aktien im Zeitverlauf und bildet diese grafisch ab. Die Höhe der Abweichungen reflektiert die Korrelation und stellt somit einen Indikator der Diversifikationsmöglichkeiten dar. Je höher die Abweichungen sind, desto geringer ist die Korrelation und größer sind die Diversifikationsmöglichkeiten.[254] Die Abbildung belegt, dass von August 2000 bis Oktober 2007 die Diversifikationsmöglichkeiten bei branchenübergreifenden Investitionen relativ höher waren als bei länderübergreifenden Investitionen. Dies impliziert, dass während dieser Zeit eine relativ höhere Diversifikation erreicht werden konnte, wenn branchenübergreifend (*cross-sector*) statt länderübergreifend (*cross-country*) investiert wurde.

---

[251] Vgl. Baele, et al. (2004), S. 67.

[252] Die Daten waren nur bis zu diesem Zeitpunkt verfügbar, jedoch besteht der Zeitraum der hohen Korrelation aus heutiger Sicht weiterhin.

[253] Adjaouté, K.; Danthine, J. P. (2003), S. 34 f.

[254] EZB (2009c), S. 25.

Dieser Trend kehrte sich jedoch mit Ausbruch der Finanzmarktturbulenzen wieder um. Die Renditeabweichungen bei länderübergreifenden Investitionen sind nun wieder relativ höher als bei branchenübergreifender Investition. Eine logisch erscheinende Aussage dieser Entwicklung wäre, dass die Integration der Aktienmärkte in der EU seit Mitte 2000 zwar zugenommen hat, jedoch mit Ausbruch der Finanzmarktturbulenzen Mitte 2007 wieder abnimmt. Auffällig dabei ist, das seit Ende der neunziger Jahre eine Korrelation zwischen den länderübergreifenden und branchenübergreifenden Renditeabweichungen zu beobachten ist. Ein möglicher Erklärungsansatz für die erhöhte Korrelation ist die zunehmende Synchronisation des Konjunkturverlaufs in Folge der zunehmenden Konvergenz der makroökonomischen Grundsätze in der EU. Es sollte jedoch auch beachtet werden, dass Korrelationen in Zeiten hoher Volatilität ebenfalls hoch sind. Eine erhöhte Korrelation ist daher nicht zwangsweise durch Strukturänderungen der zugrundeliegenden Wirtschaft oder des Finanzsystems bedingt.[255]

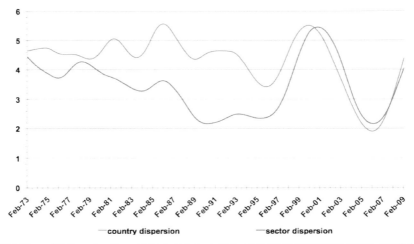

Abbildung 26: Branchenübergreifende (*cross-sector*) und länderübergreifende (*cross-country*) Renditeabweichungen im Zeitverlauf (in Prozent)[256]

---

[255] Vgl. Baele, et al. (2004), S. 72.

[256] Quelle: EZB, Indicators of financial integration in the euro area; eigene Darstellung. Um geglättet Zeitreihenwerte, die von zyklischen Komponenten und irregulären Schwankungen separiert sind, zu erhalten, wurde die Abbildung mit Hilfe des Hodrick-Prescott-Filter erstellt.

Ein alternativer nachrichtenbasierter Indikator wird in Abbildung 27 (links) dargestellt. Dieser basiert auf der Annahme, dass die Renditen von Aktien sowohl mit lokalen als auch mit globalen Einflüssen erklärt werden können. Dazu misst dieser Indikator mittels Varianzzerlegung wie stark der Anteil der inländischen Aktienkursvolatilität mit intra-europäischen Schocks respektive mit Schocks aus den USA erklärt werden kann. Zu sehen ist die deutlich zunehmende Wichtigkeit europäischer Einflüsse im Zeitverlauf. Daraus lässt sich ableiten, dass im weltweiten Vergleich die Integration der Aktienmärkte innerhalb der EU schneller fortgeschritten ist. Trotz des gestiegenen Anteils von 38,66 % für intra-europäische Schocks und 17,94 % für US-Schocks bis 2008, üben inländische Schocks aber noch einen großen Einfluss auf die inländischen Aktienkursvolatilitäten aus.[257]

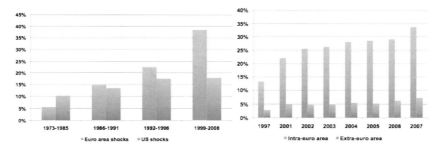

Abbildung 27: Anteil inländischer Aktienkursvolatilität erklärt mit intra-europäischen Schocks respektive mit US-Schocks (links) und Anteil grenzüberschreitender Wertpapiere der Gesamtportfolios ausgegeben von europäischen Emittenten (rechts)[258]

Um dieses Ergebnis zu stützen, wird ein mengenbasierter Indikator in Abbildung 27 (rechts) betrachtet, der ebenfalls einen Anstieg der Integration der Aktienmärkte innerhalb der EU darstellt. Der deutliche Anstieg von grenzüberschreitenden Wertpapieren aus dem Euroraum im Portfolio europäischer Halter in Höhe von 20,45 %, deutet auf einen signifikanten Rückgang des Home-Bias-Phänomensinnerhalb der EU hin. Zurückzuführen ist diese Erkenntnis auf die

---

[257] EZB (2009c), S. 25.

[258] Quelle: EZB, Indicators of financial integration in the euro area; eigene Darstellung. Der intra-europäische Bereich ist definiert als der Anteil von Wertpapieren, ausgegeben von intra-europäischen Emittenten, die von anderen intra-europäischen Investoren mit Ausnahme der Zentralbanken gehalten werden. Der außereuropäische Bereich stellt hingegen den Anteil von Wertpapieren, ausgegeben von intra-europäischen Emittenten und gehalten von außereuropäischen Investoren mit Ausnahme der Zentralbanken, dar.

Einführung der gemeinsamen Währung und damit auf die Eliminierung des Wechselkursrisikos innerhalb der Eurozone.[259] Allerdings ist laut Bundesbank davon auszugehen, dass der *Home-Bias* bei Privatanlegern nach wie vor stark ausgeprägt ist.[260]

Insgesamt zeigt der Aktienmarkt eine leicht zunehmende Integration, wenn auch eine deutlich schwächere im Vergleich zum Markt für Staatsanleihen (siehe Kapitel 4.3). Vergleiche des Aktienmarktumsatzes der EZB zwischen den Jahren 2007 und 2008 haben ergeben, dass eine nur leicht schwächere Entwicklung an den europäischen Aktienmärkten in Richtung Integration zu beobachten war. Der schwach positive Trend blieb daher auch in Folge der transatlantischen Bankenkrise im Jahr 2008 bestehen.[261]

4.5   Die Bankenmärkte

Für die in Kapitel 2.2 bereits erwähnte wichtige reibungslose und wirksame Transmission der Geldpolitik zur Wirtschaft sind Banken von fundamentaler Bedeutung, da die geldpoltischen Maßnahmen des ESZB unmittelbar Einfluss auf die Kreditvergabe der Banken haben. Diese verleihen u.a. von dem ESZB geliehenes Kapital an private Haushalte und Unternehmen weiter.[262] Die Integration der Bankenmärkte stellt jedoch nicht nur aus Sicht des ESZB einen Vorteil dar, vielmehr führt eine stärkere Integration der Bankenmärkte auch zur Anpassung neuer Kundenansprüche, zur Förderung des Wettbewerbs im Bankenmarkt durch die Schaffung einheitlicher Rahmenbedingungen und zur Effizienzsteigerung durch Skalenerträge in Folge von grenzüberschreitenden *Mergers and Acquisitions* (M&A).

Anfangs soll die Bankenpräsenz im grenzüberschreitenden Euroraum, d.h. in einem anderen Land als das Herkunftsland, überprüft werden. Ein möglicher Indikator ist die Darstellung der jährlichen Entwicklung der Anteile der Zweig-

---

[259] Vgl. Baele, et al. (2004), S. 75.
[260] Vgl. Deutsche Bundesbank (2008b), S. 20.
[261] Vgl. EZB (2009c), S. 40.
[262] Vgl. Baele, et al. (2004), S. 55.

niederlassungen und der Tochtergesellschaften[263] im grenzüberschreitenden intra-europäischen Raum am Gesamtkapital in Abbildung 28. Für beide Fälle kann eine schwache grenzüberschreitende Aktivität der Banken beobachtet werden. Die isolierte Betrachtung des Medians zeigt jedoch eine leichte Zunahme des Anteils der Tochtergesellschaften bis 2006 und eine Zunahme des Anteils der Zweigniederlassungen in 2008 im Vergleich zum Vorjahr. Insgesamt gesehen bleibt aber der größte Teil des grenzüberschreitenden Gesamtkapitals der Banken in Tochtergesellschaften gebunden und auf einem niedrigen Stand. Die transatlantische Bankenkrise scheint laut diesem Indikator keine signifikanten Auswirkungen auf die grenzüberschreitende Präsenz von Banken gehabt zu haben.

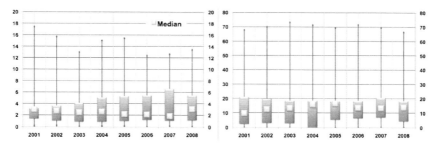

Abbildung 28: Streuung der grenzüberschreitenden intra-europäischen Zweigniederlassungen (links) und Tochtergesellschaften (rechts) der Banken in den EU-Ländern am Gesamtkapital in Prozent[264]

Ein weiterer Indikator für die grenzüberschreitende Präsenz von Banken bzw. Konsolidierung von Bankenmärkten, ist die Darstellung der grenzüberschreitenden M&As von Banken (siehe Abbildung 29). Gemessen am Wert der Transaktionen lagen grenzüberschreitende intra-europäische Bankenzusammenschlüsse nur in den Jahren 2005 und 2008 höher als die dominierenden grenzinternen Zusammenschlüsse. Interessant ist jedoch die Erkenntnis, dass sich im Ver-

---

[263] Eine Tochtergesellschaft ist eine vom Mutterunternehmen rechtlich selbständige Gesellschaft nach ausländischem Recht. Eine Zweigniederlassung ist hingegen nicht rechtlich selbständig.

[264] Quelle: EZB, Indicators of financial integration in the euro area; eigene Darstellung. Der Streuungsgrad wird wie folgt beschrieben: Minimum, erstes Quartil (25 % Percentil), Median (50 % Percentil), drittes Quartil (75 % Percentil) und Maximum. Beachte: Im Unterschied zur rechtlich selbständigen Tochtergesellschaft ist die Zweigniederlassung nicht rechtlich selbständig.

gleich zum Vorjahr der Wert der intra-europäischen Zusammenschlüsse in 2008 mehr als verdoppelte. Begründet werden kann dieser erhöhte Wert mit dem starken Aktienkursverfall sowie Liquiditätsengpässe vieler Banken in Folge der transatlantischen Bankenkrise, die nun Übernahmemöglichkeiten boten. So fällt ein Großteil des Wertes bspw. auf die Akquisition von ABN Amro durch ein europäisches Konsortium bestehend aus der Royal Bank of Scotland, Fortis und Santander.[265] Laut *Welfens* sind viele der nationalen und grenzüberschreitenden Zusammenschlüsse, neben der transatlantische Bankenkrise, auch durch das Ziel höherer Margen im Kreditgeschäft (Skalenerträge) für alle Banken in der Eurozone motiviert und bei weitem noch nicht abgeschlossen.[266] Die transatlantische Bankenkrise hat demnach gemessen am Wert positiv zur Bankenkonsolidierung im intra-europäischen Raum beigetragen. Die Anzahl der M&As ist hingegen seit 2004 rückläufig.

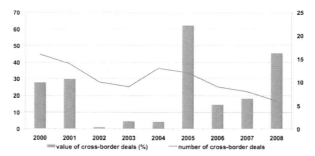

Abbildung 29: Grenzüberschreitende intra-europäische *M&As* der Banken in Prozent der gesamten intra-europäischen nationalen und grenzüberschreitenden *M&As* des Bankensystems[267]

Die auf den Bankenzinsen preisbasierten Indikatoren in Abbildung 30 messen die grenzüberschreitenden Standardabweichungen der gewichteten Zinsen und geben somit Hinweise auf den Integrationsstand der Kreditmärkte. Geringe Standardabweichungen können dabei als erhöhter Wettbewerb unter den Banken betrachtet werden und implizieren daher einen erhöhten Integrationsgrad.[268]

---

[265] Vgl. EZB (2009c), S. 41 f.
[266] Vgl. Welfens, P. J. J. (2009b), S. 86, 90.
[267] Quelle: EZB, Indicators of financial integration in the euro area; eigene Darstellung.
[268] Vgl. EZB (2006), S. 17.

Über die gesamte Laufzeit gesehen, verdeutlicht die Abbildung eine Zunahme der grenzüberschreitenden Abweichungen der Bankenzinsen im Euroraum. Im Vergleich zu Juni 2009 lagen im Februar 2003 alle betrachteten Abweichungen der Zinssätze auf einem niedrigeren Stand. Im Gegensatz zum schwach integrierten Großkundengeschäft der Banken (*wholesale banking*), ist das Privatkundengeschäft der Banken (*retail banking*) besonders schwach integriert. Die Standardabweichung für Konsumentenkredite erreichte im Januar 2009 156 Basispunkte. Die Verlaufsformen der Zinssätze, insbesondere nach Ausbruch der Finanzmarktturbulenzen Mitte 2007, spiegeln das nun erhöht wahrgenommene Kreditausfallrisiko im Euroraum wieder. Die transatlantische Bankenkrise hat somit zur weiteren Segmentierung des bereits unzureichend integrierten Kreditmarktes beigetragen. Insbesondere für Unternehmen kann es durchaus angebracht sein Kreditzinsen im grenzüberschreitenden Euroraum zu vergleichen, da hier große Einsparpotentiale bei der Finanzierung vorhanden sind.

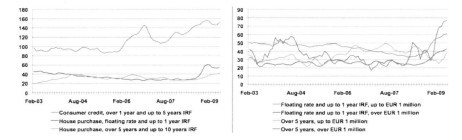

Abbildung 30: Grenzüberschreitende Standardabweichungen der Zinsen von Finanzanstalten für Kredite und Einlagen der Haushalte, sog *retail banking* (links) sowie für Kredite an Nicht-Finanzanstalten, sog. *wholesale banking* (rechts) in Basispunkte[269]

Die in Abbildung 31 dargestellten mengenbasierten Indikatoren für grenzüberschreitende Kredite im Euroraum beweisen, dass das Interbankengeschäft einen weitaus höheren Anteil aufweist als das Geschäft mit Nicht-Finanzanstalten und bestätigt das der *Home-Bias* im Privatkundengeschäft noch sehr stark ausgeprägt ist.

---

[269] Quelle: EZB, Indicators of financial integration in the euro area; eigene Darstellung.

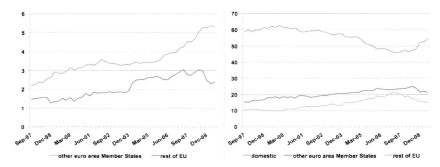

Abbildung 31: Grenzüberschreitende Kredite von Finanzanstalten an Nicht-Finanzanstalten (links) und Kredite von Finanzanstalten an Finanzanstalten (*interbank loans*) (rechts) in Prozent des Gesamtbestands[270]

Das grenzüberschreitende intra-Euroraum und extra-Euroraum Interbankenge-schäft der Banken innerhalb der EU verzeichnete ein kontinuierliches Wachs-tum von 9,62 % bis zur Verschärfung der Bankenkrise im Juni 2008 bzw. 10,8 % bis zum Ausbruch der Finanzmarktturbulenzen im August 2007 zu Las-ten des inländischen Anteils. In der Folge fielen diese Anteile aber wieder um 3,78 % bzw. 5,45 % bis Juni 2009 zurück, während der inländische Teil wieder zunehmen konnte. Obwohl das Privatkundengeschäft der Banken im intra-Euroraum einen Anstieg von 3,13 % und im extra-Euroraum von 0,9 % über die gesamte Laufzeit aufweisen, bleiben diese Anteile dennoch auf einen sehr nied-rigen Stand und lassen auf eine sehr schwache Integration der Bankenmärkte schließen. Förderlich für die Integration des Privatkundengeschäfts könnte die Einführung des SEPA-Instruments im Januar 2008 sein, mit der alle Zahlungen wie inländische Zahlungen behandelt werden.[271] Von allen getätigten Transakti-onen waren bereits 4,38 % im Juli 2009 im SEPA-Format durchgeführt wor-den.[272]

---

[270] Quelle: EZB, Indicators of financial integration in the euro area; eigene Darstellung.

[271] SEPA steht jedem Kreditinstitut, Wirtschaftsunternehmen und Verbraucher in allen Ländern der EU sowie Island, Lichtenstein, Norwegen, Monaco und der Schweiz zur Verfügung.

[272] Quelle: EZB, Indicators of financial integration in the euro area.

5   Implikationen für die Wirtschaftspolitik

In den beiden vorigen Kapiteln wurden die Ursachen und die Auswirkungen der transatlantischen Bankenkrise auf den Prozess der EFMI, welcher wie bereits dargestellt positive Effekte auf das Wirtschaftswachstum hat,[273] untersucht. In Kapitel 3.2 ist der eindeutige Schluss gefasst worden, dass der transatlantischen Bankenkrise ein komplizierter Prozess vorhergegangen ist, der notwendigerweise in dieser vorhersehbaren Krise[274] enden musste.

Festgestellt wurde auch, dass nicht nur die transatlantische Bankenkrise Auswirkungen auf den Integrationsprozess ausübte, sondern auch die unkonventionellen geldpolitischen Maßnahmen der Zentralbanken (ESZB) von herausragender Bedeutung sind. Auch wenn diese Aktionen nötig waren, um bspw. das im Bankensystem vorherrschende Misstrauen untereinander durch Liquiditätsabsicherungen entgegenzuwirken,[275] so hatten diese Maßnahmen doch Auswirkungen auf den Europäischen Finanzmarktintegrationsprozess gehabt.[276]

Zwangsläufig ergibt sich daher die Frage, wie den noch anhaltenden Finanzmarktturbulenzen entgegengewirkt werden kann und welche Rolle Deutschland, die EU, die G20-Staaten, die USA sowie die Überschussländer für die Zukunft einnehmen müssen, um eine Wiederholung einer solchen Bankenkrise zu vermeiden. Zudem sollten diese Maßnahmen nur die Bereiche mit Handlungsbedarf berühren, um die freie Marktwirtschaft nicht nachteilig zu beeinflussen. So würden einzelne Maßnahmen verschiedener Staaten bzw. Staatengemeinschaften (z.B. der EU) oder sogar Protektionsmaßnahmen zum Schutz der eigenen Wirtschaft (z.B. Zölle, Kapitalverkehrsbeschränkungen), neben der überwiegend negativen Auswirkung auf den allgemeinen Wohlstand und der Umkehr bzw. Stagnation der Globalisierung,[277] auf mittel- und langfristiger Sicht keinen Erfolg bringen. Aufgrund international stark verflochtener Finanzmärkte

---

[273] Vgl. Welfens, P. J. J. (2009b), S. 108.
[274] Vgl. Goodhart, C. A. E. (2008), S. 340.
[275] Vgl. EZB (2010), S. 71 – 85.
[276] Vgl. Kapitel 4.
[277] Vgl. EZB (2009a), S. 89 – 106.

ist es erforderlich eine gemeinsame Lösung zu finden und die strikte Durchsetzung dieser zu verfolgen.[278]

Naheliegend ist eine strengere Regulierung der weltweiten Finanzmärkte, während Protektionsmaßnahmen einzelner Staaten, insb. innerhalb der EU, zu einer rückläufigen FMI führen können und damit die Vorteile[279] eben dieses langwierigen Prozesses beeinträchtigen können.

5.1 Wechselkursflexibilität und Strukturreformen

Die theoretischen Krisenmodelle in Kapitel 3.1 stellen deutlich die negative Wirkung fixer Wechselkursregime dar. China, der ostasiatische Raum und auch die Ölexportländer sollten eine stärkere Wechselkursflexibilität ihrer Währungen zulassen. Entscheidende Vorteile dieser Maßnahme wären die Befreiung der nationalen Geldpolitik von der Verteidigung der Wechselkursparitäten und die anschließend mögliche Diversifikation der Währungsreserven. Dass heißt, dass bspw. die chinesische Regierung durch Rückführung und Diversifikation ihrer Währungsreserven ihre Vermögensrisiken aus Fremdwährungsbeständen erheblich reduzieren könnte.[280] Die Geldpolitik könnte sich dann wichtigeren binnenwirtschaftlichen Aufgaben wie der Verfolgung von Inflationszielen zuwenden, da nun die Zentralbank die Geldmenge frei steuern kann, um die Inflation anzupassen. Die chinesische Wechselkursanbindung, die mit einem stetigen Anwachsen der Devisenreserven verbunden ist, hat bereits im Jahr 2007 Inflationsgefahren für China erzeugt.[281] Des Weiteren hätten diese flexiblen Währungen am freien Markt seit Jahren einen Aufwertungstrend erlebt, was mit zur Folge hätte, dass die weltweiten Inflationsraten vergleichsweise höher ausgefallen wären. Die Zentralbanken der Industrienationen hätten, um diesem Prozess entgegenzuwirken, eine restriktivere Geldpolitik betrieben, die die Dynamik der Immobilienblase abgeschwächt hätten. Für die Zukunft würde dieser Schritt eine allzu expansive Geldpolitik der Zentralbanken eindämmen.

---

[278] In Kapitel 3.1.3 wurde bereits gezeigt, dass selbst Länder mit guten Fundamentals durch *Contagion* bedroht sind.
[279] Vgl. Kapitel 2.3.1.
[280] Vgl. Kempa, B. (2007), S. 414.
[281] Vgl. Krugman, P. R.; Obstfeld, M. (2009), S. 855.

Um dem Problem der globalen Ungleichgewichte[282] entgegenzuwirken, sollten Länder mit hohen Leistungsbilanzüberschüssen (z.B. der asiatische Raum sowie die Ölexportländer) grundlegende Strukturreformen durchführen. Diese sollten das Ziel haben, den inländischen Konsum zu stärken und die Allokation des inländischen Kapitals zu verbessern. Dies kann bspw. erreicht werden, indem funktionsfähige Gesundheits-, Bildungs- und Sozialversicherungssysteme auf- bzw. bereits bestehende ausgebaut werden. Die geringeren Lebensrisiken würden zu einer Absenkung der bereits von *Bernanke* kritisierten überhöhten Sparquote der privaten Haushalte führen. In China werden so etwa 45 % des BSP gespart.[283] Zudem würde eine Vertiefung der nationalen Finanzmärkte die starken Kapitalabflüsse aus diesen Staaten begrenzen. Dieser Schritt ist insoweit wichtig, da nur dann gewährleistet ist, dass die Ersparnisse der heimischen Bevölkerung für heimischen Konsum und Investitionen verfügbar sind.

Aber auch die EU und Japan können ihren Beitrag zum Abbau der globalen Ungleichgewichte leisten, indem sie ihre Wachstumspotentiale z.B. durch Reformen, die das Konsumentenvertrauen wiederherstellen, stärken. Insbesondere für Japan ist dieser Schritt wichtig, da das Land praktisch keinen wirtschaftspolitischen Spielraum mehr zur Verfügung hat. Gründe dafür sind die massive Staatsverschuldung und die nahe bei null liegenden Leitzinssätze des Landes.

Von großer Wichtigkeit ist jedoch der Abbau des Leistungsbilanzdefizits der USA. Erreicht werden könnte dies durch eine restriktivere Geldpolitik, um dadurch die Sparquote in der Bevölkerung zu erhöhen. Ein durch das starke Leistungsbilanzdefizit verursachter Vertrauensverlust in den Dollar, könnte in der Folge zu einem schnellen Abzug von Finanzvermögen aus den USA und somit zu erneuten weltweit starken Turbulenzen an den Finanzmärkten führen.[284]

5.2 Reformoptionen für Ratingagenturen

Das Problem der Unabhängigkeit von Ratingagenturen ist nicht neu und hat auch schon bei der spektakulären Zahlungsunfähigkeit der US-Konzerne Enron

---

[282] Vgl. Kapitel 3.2.1.
[283] Vgl. Krugman, P. R.; Obstfeld, M. (2009), S. 857.
[284] Vgl. Kempa, B. (2009), S. 142.

und Worldcom, denen noch kurz vor der Insolvenz durch S&P sowie Moody's hervorragende Bonität bescheinigt wurde, für Aufsehen gesorgt. Die Ratingagenturen tragen wie in Kapitel 3.2.3 dargestellt auch eine maßgebliche Schuld an der Entstehung der transatlantischen Bankenkrise, da hier durch „wohlwollende" Bewertungen Ausfallrisiken deutlich unterbewertet wurden.[285] Begründet werden kann dies damit, dass der Kapitalmarkt seine Anlageentscheidungen vom „objektiven" Urteil dieser Agenturen abhängig macht. Denn wo fiktive Waren gehandelt werden verlangen Investoren ein objektives Urteil von einer unabhängigen Agentur. Wären die Verbriefungen objektiv bewertet und die Risiken klar dargestellt worden, so hätte es höchstwahrscheinlich eine Immobilienblase in dieser Form nicht gegeben. Das ein objektives Urteil nicht gegeben sein kann, wenn es im Interesse der Ratingagentur liegt gute Noten zu vergeben, um auch zukünftig Aufträge zu erhalten, ist Kern des Problems und naheliegend.

Die EU hat dieses Problem teilweise erkannt und im April 2009 neue Regelungen für Ratingagenturen mit Sitz in der EU verabschiedet.[286] Diese unterliegen nun einer eigenständigen Registrierungspflicht bei dem in Paris ansässigen Wertpapier-Ausschuss *Committee of European Securities Regulators* (CESR) sowie der Verpflichtung der Offenlegung eines jährlichen Transparenzberichts. Positiv hervorzuheben ist, dass nun Verbriefungstechniken an denen die Ratingagenturen beratend mitgewirkt haben (*Rating* und *Consulting*) nicht mehr von diesen bewertet werden dürfen. *Ratings* aus Drittstaaten hingegen werden von einer Kommission überprüft, inwiefern sie den europäischen Standards entsprechen und dürfen beibehalten werden, wenn die Aufsicht in einem Drittstaat als gleichwertig eingestuft wird und die Agenturen sich in der EU zertifizieren lassen. Die physische Präsenz der Agentur in der EU darf unterbleiben, wenn sie als „beschwerlich und unangemessen" betrachtet wird. Zusätzlich wurde ein Rotationssystem eingeführt, um dem Interessenkonflikt zwischen Ratingagentur

---

[285] Vgl. z.B. USSEC (2008): Summary Report of Issues Identified in the Commission Staff's Examinations of Select Credit Rating Agencies, United States Securities and Exchange Commission, Washington D.C.

[286] Vgl. Verordnung (EG) Nr. 1060/2009 des Europäischen Parlaments und des Rates vom 16. September 2009 über Ratingagenturen.

und zu bewertendem Unternehmen vorzubeugen. Dieser sieht vor, dass in einem bestimmten zeitlichen Abstand die Mitarbeiter der Ratingagenturen, die von ihnen bewerteten Unternehmen wechseln müssen. Verstöße gegen diese Rechtsvorschriften werden mit Sanktionen, Haftungen und Strafen bis hin zum Lizenzentzug (Widerruf der Registrierung) geahndet.

Allerdings scheint hier das Problem des Interessenkonflikts nicht tatsächlich beseitigt zu werden. Denn wie *Welfens* bemängelt, kann dieses Rotationsverfahren keine nachhaltigen Erfolge erzielen, zumal die drei großen Ratingagenturen bedingt durch die oligopolistische Marktstruktur eine große Verhaltensinterdependenz aufweisen und das Problem der Quasi-Renten nicht beseitigt wird. Um diesem entgegenzuwirken, sollten die Zahlungen aller Wertpapieremittenten in einem Pool, bspw. in einer eigens dafür gegründeten Pool-Organisation, gebündelt werden. Aus diesem Pool werden dann die Ratingagenturen, die mittels eines Ausschreibungswettbewerbs ggfls. verbunden mit einem gestaffelten Rotationssystem ermittelt worden sind, entlohnt.[287] Vorteil dieses zweistufigen Bezahlverfahrens ist die Vermeidung des Interessenkonflikts. An Bewertungen interessierte Unternehmen können nun nicht mehr indirekt Druck auf die Ratingagenturen ausüben und somit zu gute *Ratings* erzwingen.[288]

In den USA müssen sich Ratingagenturen, die der National *Recognized Statistical Rating Organization* (NRSRO)[289] angehören, laut einstimmigen Beschluss vom 17.09.2009 der *Securities and Exchange Commission* (SEC) einer strengeren Regulierung unterwerfen. Alle Anfragen von Unternehmen und Finanzinstituten nach einem Rating (*preliminary ratings*) müssen nun veröffentlicht werden. So kann verhindert werden, dass bei mehreren Ratingagenturen angefragt wird und das für sich beste *Rating* ausgewählt wird (sog. *rating shopping*). Investoren haben dann die Möglichkeit zu sehen, welche Unternehmen bzw. Finanzinstitute bei mehreren Ratingagenturen ein *Rating* angefragt haben und

---

[287] Vgl. Welfens, P. J. J. (2009a), S. 103 f.
[288] Vgl. Welfens, P. J. J. (2009c), S. 29 f.
[289] Folgende Ratingagenturen gehören zur NRSRO: A. M. Best Company, DBRS Ltd., Egan-Jones Rating Company, Fitch Ratings, Japan Credit Rating Agency, LACE Financial Corp., Moody's Investor Service, Rating and Investment Information, Realpoint LLC und Standard & Poor's Rating Services. Quelle: SEC (2009), URL: http://www.sec.gov/answers/nrsro.htm, aufgerufen am 15.03.2009.

somit ihre Investitionsentscheidungen bei Bedenken überarbeiten. Zusätzlich müssen Banken und Ratingagenturen Informationen, die zur Bewertung von Wertpapieren genutzt wurden, mit allen anderen Ratingagenturen in der NRSRO teilen. Diese Regelung verfolgt die Absicht auch unerwünschte Ratings zu generieren, die in der Regel „objektiver" sind. Außerdem wird diskutiert ob der Haftungsausschluss der Ratingagenturen in schwerwiegenden Fällen aufgehoben wird.[290] Das bereits angesprochene Problem des Interessenkonflikts wird auch hier ähnlich der europäischen Reformierung von Ratingagenturen nicht eliminiert. Der für die EU genannte Reformierungsvorschlag würde auch hier, zu den bereits getroffenen Maßnahmen, erheblich zur Qualität der Arbeit von Ratingagenturen beitragen.

Von der Gründung einer staatlich geförderten europäischen Ratingagentur sollte aufgrund der unten genannten Gründe abgesehen werden. Zum einen hat die Vergangenheit gezeigt, dass auch ein staatlich geförderter Markteintritt schwierig sein und bedingt durch fehlende Akzeptanz am Kapitalmarkt scheitern[291] kann. Zum anderen wird ein erhöhter Wettbewerb unter Ratingagenturen eine Verzerrung von Ratingurteilen nach oben begünstigen, wenn ein neuer Anbieter versucht durch „bessere" *Ratings* Marktanteile zu gewinnen. Zudem wird das Problem von *Ratings Shopping* noch weiter erhöht, da nun mehrere Ratingagenturen zur Auswahl stehen. Viel wichtiger als die Schaffung eines „Gegengewichts" zu den US-Agenturen, sind daher international konsistente Rahmenbedingungen, die unabhängig von der nationalen Verankerung der Agenturen die Qualität der Ratings verbessern. In jedem Falle aber sollte eine neue europäische Ratingagentur privatwirtschaftlich organisiert sein, um den Verdacht auf staatlicher Einflussnahme zu beseitigen und somit selbst am Markt Akzeptanz finden.[292] Die Gründung einer europäischen Ratingagentur wäre demnach nur dann begrüßenswert, wenn diese privatwirtschaftlich organisiert und frei von staatlichem Einfluss ist.

---

[290] Vgl. SEC (2009), URL: http://www.sec.gov/news/press/2009/2009-200.htm.
[291] So musste die im Jahr 2002 von Deutschland gegründete Euroratings AG ihre Geschäftstätigkeit nach wenigen Jahren wieder einstellen, weil die Nachfrage nach Ratings bei dieser Agentur, trotz vergleichsweise niedriger Konditionen, zu gering waren.
[292] Vgl. Harbrecht, E.; Wieland, M.; Elsas, R. (2010), S. 4 – 9.

5.3 Regulierung der Banken und Hedge-Fonds

Banken, darunter auch viele deutsche Banken, haben in der nahen Vergangenheit ihre Anspruchsrenditen stark erhöht, um an die Renditen der Banken des US-amerikanischen Raums anzuknüpfen. So verfolgt nicht nur die Deutsche Bank ein solch riskantes Ziel, sondern auch zahlreiche andere Banken in Deutschland, Großbritannien, Belgien, Irland sowie den USA.

Überraschend ist aber vor allem, dass anscheinend auch Landesbanken , die nachweislich erheblich von der Bankenkrise betroffen sind, eine solche Geschäftspolitik verfolgten. Ihnen war mit Wegfall der unbegrenzten staatlichen Bürgschaft in 2005 ein entscheidender Wettbewerbsvorteil genommen worden, was die Kosten der Kapitalbeschaffung in der Folge verteuerten und somit die Suche nach neuen Geschäftsmodellen vorantrieb. Hohe Verluste erlitten vor allem die Landesbanken WestLB, BayernLB, SachsenLB, die von Hamburg und Schleswig-Holstein getragene HSH Nordbank und die LBBW sowie die Deutsche Industriebank IKB, die alle stark am amerikanischen Subprime-Markt aktiv waren. Der Eigner der Landesbanken, also die Sparkassen bzw. die Bundesländer und damit der Steuerzahler, mussten in der Folge mit milliardenschweren Bürgschaften und Finanzspritzen die Insolvenz dieser staatlichen Banken abwenden. Aber auch die Privatbanken erhielten im Rahmen des 480 Milliarden schweren Rettungsplans der Bundesregierung notwendige Liquidität, ebenso wie viele andere Banken weltweit von ihren jeweiligen Sitzstaaten. Neben der wettbewerbsverzerrenden Funktion dieser Beihilfen, führt eine Funktion des Staates als *Lender of Last Resort* zu *Moral Hazard* und damit für die Zukunft zu weiteren Problemen.[293] Die BIS kritisiert daher folgerichtig, dass die Hilfspakete selbst da wo sie dringend nötig waren, offenbar kontraproduktiv wirken. Zum einen wird der erforderliche Anpassungsprozess, dass Banken wieder Kredite vergeben, kleiner, einfacher und sicherer werden nicht begünstigt, da Banken nun wieder Zugang zu Fremd- und neuem Eigenkapital verholfen wurde und Bankmanager nun nicht mehr gezwungen sind die Bilanzen mittels Abbau der Fremdkapitalquote zu verkürzen. Zum anderen werden dadurch die notwendi-

---

[293] Vgl. Kapitel 3.1.2; Anhang 4: Modell zur Entstehung von Moral Hazard bei Existenz einer Depositenversicherung.

gen Änderungen der Bilanzstruktur um Risiken abzubauen ausbleiben.[294] Besonders kritisch anzumerken ist, dass bis auf die Absetzung einiger Bankvorstände bei den Landesbanken und Privatbanken, die milliardenschweren Verluste keine weiteren nennenswerten Konsequenzen für die Verursacher gehabt haben.[295] Einzig der ehemalige IKB Chef Stefan Ortseifen steht wegen Kursmanipulation und Untreue vor Gericht.

Mit der Umsetzung der neuen Basel-II-Regelung in der EU ist bereits ein wichtiger Schritt in Richtung Risikominimierung getan, auch wenn die USA nach eigener Aussage auf dem G20-Gipfel in Pittsburgh sich den Basel-II-Regelungen erst ab 2011 unterwerfen wollen. Als größter Finanzmarkt der Welt kann jedoch eine sinnvolle Regulierung der international tätigen Banken nur in Zusammenarbeit mit den USA erfolgen. Da bspw. eine Bankinsolvenz in den USA erhebliche Auswirkungen auf die weltweiten Finanzmärkte haben kann, wie bereits in der Realität durch die Insolvenz von Lehman Brothers eindrucksvoll bewiesen wurde. Zudem wird das Problem der Regulierungsarbitrage nicht eliminiert. Dabei stellt die Basel-II-Regelung ein ebenso wichtiges Ziel für die USA dar, nämlich dass der Umgang von Finanzintermediäre mit Kredit-, Markt-, Liquiditäts- und anderen Risiken nicht zur Solvenzgefährdung der Institute und zu Instabilitäten im gesamten Finanzsektor führt. Um dies zu gewährleisten wurden über die eigene Risikovorsorge der Institute hinaus besondere Aufsichtsregeln für Kreditinstitute geschaffen, unter denen die Eigenkapitalregeln eine besondere Rolle einnehmen. Dabei gilt grundsätzlich dass je höher das Ausfallrisiko ist, desto höher ist die Verpflichtung der Eigenkapitalhinterlegung. Die USA sollten daher schnellstmöglich die Basel-II-Regelungen in nationales Recht umsetzen, um das Bankenrisiko zu minimieren und um effektiv gegen Regulierungsarbitrage in den Industriestaaten vorzugehen. Unter einem weiteren ständigen Fernbleiben der USA von international getroffenen Regelungen wird die Glaubhaftigkeit der G20-Staaten nachhaltig leiden.

Daher erscheinen folgende Vorschläge angebracht. Erstens sollte eine rasche Verlustfeststellung durch alle Banken erfolgen, um dem immer noch vorherr-

---

[294] Vgl. BIS (2009), S. 119.
[295] Vgl. Welfens, P. J. J. (2009a), S.85 – 91.

schenden Misstrauen der Banken untereinander entgegenzuwirken, was zumindest den Interbankenmarkt wiederbeleben würde.[296] Zweitens sollte in den OECD-Ländern und insgesamt in der EU sowie in den wichtigen Länder Asiens, die den Hauptteil der weltweiten Finanzmärkte dominieren, eine sog. Volatilitätsteuer für die Eigenkapitalrendite eingeführt werden, um stark übertriebenen Anspruchsrendite vorzubeugen und um eine längerfristige Orientierung der Bankmanager zu bewirken. So soll neben dem Gewinn auch die Renditevolatilität (Varianz der Rendite), die über eine normale Schwankung hinausgeht, besteuert werden. Dies würde zu Folge haben, dass die meisten Banken für die Erzielung kurzfristiger Überrenditen keine überhöhten Risiken mehr eingehen und damit das weltweite Finanzsystem, insb. wenn es sich dabei um systemkritische Großbanken (*too-big-to-fail-Problem*) handelt, destabilisieren. Laut *Welfens* wäre eine Besteuerung der Varianz der Eigenkapitalrentabilität der Banken nicht notwendigerweise mit einer erhöhten Steuerbelastung verbunden, zumal die Anrechnung der Volatilitätsteuer bei der eigentlichen Gewinnbesteuerung denkbar wäre. Für die Banken sind die Stabilisierung des Bankensektors und die langfristige Wirtschaftsentwicklung als weitere Vorteile dieser Steuer zu nennen.[297] Als weitere Maßnahme könnte eine Entflechtung der große Banken angeraten sein, damit bestimmte große Banken kein *too-big-to-fail-Problem* darstellen und diese notfalls auch Insolvenz gehen können ohne den ganzen Finanzsektor zu destabilisieren.

Zusätzlich sollten extrem risikobehaftete Geschäfte, wie etwa ungedeckte Leerverkäufe auf Aktien oder Währungen, einer strengeren Regulierung unterzogen bzw. ein Verbot in Ausnahmefällen geprüft werden. Die Problematik bei ungedeckten Leerverkäufen stellen die extremen Auswirkungen auf Unternehmen, Währungen oder ganze Länder dar (preisdestabilisierende Spekulation).[298] So haben ungedeckte Leerverkäufe auf CDS-Papiere für griechische Staatsanleihen, neben der langjährigen Verletzung des Stabilitäts- und Wachstumspakts, das Ansteigen der Risikoprämie die Griechenland für seine Staatsanleihen be-

---

[296] Vgl. Kapitel 4.2.
[297] Vgl. Welfens, P. J. J. (2009c), S. 30.
[298] Vgl. Kapitel 3.1.1.

zahlen muss zusätzlich verstärkt. Hervorzuheben ist auch, dass Spekulationen mit ungedeckten Leerverkäufen auf Volkswagenaktien den Kurs in 2008 auf über 1.000 € steigen ließen und Volkswagen gemessen an der Marktkapitalisierung kurzfristig zum „wertvollsten" Unternehmen der Welt wurde, was in keinem Verhältnis zum realen Wert dieses Unternehmens mehr stand. Um solche Anomalien an den Finanzmärkten zu verringern, sollte in jedem Fall die zur Zeit von Deutschland und den USA diskutierte umfassende Meldepflicht für Leerverkäufe in den G20-Staaten und auch in ganz Europa eingeführt werden.

Diese Gründe unter anderem sprechen für eine Einschränkung bzw. Verbot von ungedeckten Leerverkäufen, wenn auch dieser Schritt mit erhöhter Wachsamkeit verbunden sein sollte um ein Ausweichen in andere undurchsichtigere Finanzgeschäfte zu verhindern. In Deutschland hat die BaFin bspw. im September 2008 ungedeckte Leerverkäufe auf elf deutsche Bankaktien verboten, um sie seit dem 31.01.2010 wieder zu erlauben.[299] Ähnliche Schritte haben auch in den USA, Großbritannien, Frankreich, Australien, Kanada, Taiwan, Portugal, Irland und Österreich stattgefunden. Als nachhaltig kann dieses Vorgehen nicht bezeichnet werden, da ein Eingreifen erst bei Entstehen der Krise keine geeignete Prävention gegen die eigentliche Ursache darstellt. Vielmehr sollte ein international koordiniertes Vorgehen ungedeckte Leerverkäufe einschränken bzw. verbieten. Damit würde indirekt auch das gefährliche Potential von Hedge-Fonds, die besonders stark in diesem Marktsegment aktiv sind, eingeschränkt werden. Von einem Verbot für Kreditbesicherungsgeschäfte (CDS) oder gedeckte Leerverkäufe sollte in jedem Fall abgesehen werden, da diese zur Absicherung von Kreditrisiken dienen und somit wichtig für die Risikoteilung und die damit einhergehende Glättung der Konsumprofile sind.[300] Könnten sich Kapitalgeber gegen einen Ausfall nicht mehr mittels CDS absichern, so würde bspw. der Zins für griechische Staatsanleihen höchstwahrscheinlich noch höher liegen. Im Falle der Landesbanken sollte eine Rückkehr zu den eigentlichen Auf-

---

[299] Vgl. BaFin (2010): Leerverkaufsverbote laufen aus, URL:
http://www.bafin.de/cln_179/nn_722552/sid_6D6FC18C19A0777B1D9ED7D523F3993F/Sh
aredDocs/Artikel/DE/Service/Meldungen/meldung__100129__aufhebungleerverkauf.html?_
_ nnn=true aufgerufen am 17.03.2010.
[300] Vgl. Kapitel 2.3.1.

gaben, nämlich die Bundesländer bei der Förderung der Wirtschaft unterstüt-
zen, erfolgen. Ihnen sollte gesetzlich untersagt werden mit spekulativen Derivaten Handel zu betreiben. Des Weiteren sollten Vorstandspositionen mit fachlich
bewanderten Personen, die insb. Erfahrung im Risikocontrolling besitzen, be-
setzt werden.

5.4   Regulierung der Bankenaufsicht

In Deutschland findet die überwiegende operative Bankenaufsicht durch die
Bundesbank statt, während die Bundesanstalt für Finanzdienstleistungsaufsicht
(BaFin) die Verantwortung für alle hoheitlichen Maßnahmen übernimmt. Dazu
kann die BaFin Regeln für die Durchführung von Bankgeschäften und Finanzdienstleistungen sowie für die Risikobegrenzung erlassen.[301] Auf der Internet-
präsenz der BaFin heißt es dazu im Bereich Aufgaben der BaFin: „Damit eine
Volkswirtschaft richtig funktionieren kann, braucht sie ein verlässliches Bankensystem. Die Bankenaufsicht trägt dazu bei, dass dieses System effizient und
stabil ist."[302] Aufgrund dieser Aussage kann interpretiert werden, dass die BaFin
als Finanzdienstleistungsaufsicht versagt hat, zumal der Präsident der BaFin im
Vorwort des Jahresberichts 2007 angibt nichts von der angespannten Finanz-
marktlage in den USA gewusst zu haben.[303] So kritisiert *Welfens* das fehlende
fachliche Personal bei der BaFin, die im speziellen durch die fehlende Attraktivi-
tät der Gehaltsstruktur nicht geworben werden können. Insbesondere Banken
können durch hohe Gehälter Top-Wissenschaftler für sich gewinnen.[304] Deswe-
gen erscheint es von Seiten der Bundesregierung sinnvoll zu handeln und um-
gehend den jetzt aktuellen Personalbestand im Management ggfls. auszutau-
schen bzw. fachliches Personal (Ökonomen) durch angemessene Entlohnun-

---

[301] Vgl. Deutsche Bundesbank, URL:
        http://www.bundesbank.de/bankenaufsicht/bankenaufsicht_bafin.php, aufgerufen am
        15.03.2010.
[302] Quelle: BaFin, URL:
        http://www.bafin.de/cln_116/nn_722834/DE/BaFin/Aufgaben/Bankenaufsicht/bankenaufsicht
        __node.html?__nnn=true, aufgerufen am 16.03.2010.
[303] Vgl. BaFin (2008): Jahresbericht der Bundesanstalt für Finanzdienstleistungsaufsicht
        Jahrgag 2007, Bonn.
[304] Vgl. Welfens, P. J. J. (2009a), S. 87.

gen zu werben.[305] Auf internationaler Ebene behindert die bisher institutionell heterogene Bankenaufsicht in den verschiedenen Staaten der EU sowie weltweit eine effektive Zusammenarbeit, um die zunehmende Internationalisierung des Bankwesens zu überwachen. In international integrierten Finanzmärkten stellt das Finanzmarktvertrauen ein international öffentliches Gut dar. Einzelne Staaten verspüren daher eine nur geringe Motivation die Auslandsaktivitäten der eigenen Banken kritisch zu überwachen.[306] Eine internationale Zusammenarbeit ist aber insbesondere im Bereich der Regulierung systemkritischer Großbanken (*too-big-to-fail-Problem*), die praktisch unabhängig voneinander operierende Tochterunternehmen auf der ganzen Welt haben, unerlässlich. Des Weiteren sind einige Großbanken nicht nur der Größe wegen systemkritisch, sonder auch weil sie derartig mit anderen zahlreichen Instituten verbunden sind (*too-interconnected-to-fail-Problem*).[307]

Ein wichtiger Erfolg des G20-Gipfels in Pittsburgh ist die Einigung auf strengere Regeln für Prämien der Bankmanager, die sich nun an den Erfolg der Bank orientieren sollen, um einer längerfristigen Wertschaffung gerecht zu werden. Die Arbeit der G20-Staaten ist aber dennoch bei weitem nicht getan und immer noch unzureichend. Insbesondere die USA müssen sich ihrer Verantwortung bewusst sein und internationale Richtlinien in nationales Recht umsetzen. *Welfens* moniert daher die unverständliche Haltung einiger IMF-Länder sich dem *Financial Sector Assessment Program* des IMF und der Weltbank mehrjährig zu entziehen.[308] Hier verpassen die Länder die Chance von der Expertise des IMF für ihre regulatorischen Reformvorhaben zu profitieren. Die umfassende Evaluation der regulatorischen Rahmenbedingungen sowie die damit einhergehende Krisenresistenz der Finanzsektoren der Mitgliedsländer sind wichtige Themen und sollten von der Politik nicht ignoriert werden.

Auf die EU bezogen könnte ein Modell der Bankenaufsicht nach dem Vorbild der zweistufigen Telekomregulierung auf EU- und nationaler Politikebene eine

---

[305] Vgl. Welfens, P. J. J. (2009a), S. 115 f.
[306] Vgl. Welfens, P. J. J. (2009c), S. 53.
[307] Vgl. BIS (2009), S. 120.
[308] Vgl. Welfens, P. J. J. (2009c), S. 29.

mögliche Lösung darstellen.[309] Beachtet werden muss aber immer, dass ein europäischer Sonderweg bei der Regulierung Europa als Finanzmarktplatz unattraktiv werden lässt, da sich Banken grundsätzlich dort ansiedeln werden wo die Regulierung am schwächsten ausgeprägt ist. Deshalb ist es auch nicht unbedingt notwendig, dass die EU plant ein sog. *European Systemic Risk Council* (ESRC) zu gründen, der die Abschätzung von Systemrisiken vornehmen soll. Diese Aufgabe hat bereits die BIS, die schon vor Ausbruch der transatlantischen Bankenkrise warnend auf Fehlentwicklungen an den globalen Finanzmärkte hingewiesen hat. Eine stärkere Beachtung der Arbeit dieser Institution, insbesondere von Seiten der USA, sei hier angeraten.

5.5 Rolle der Zentralbanken

Die wichtigsten Zentralbanken, darunter die FED, die EZB, die Bank of England und die Bank of Japan, haben zur Eindämmung des weltwirtschaftlichen Abschwungs erstmalig in der Geschichte koordiniert ihre Leitzinsen in mehreren Schritten seit Oktober 2008 auf nahe null Ende 2009 herabgesetzt. Dieses Vorgehen, welches in Normalzeiten eine stark konjunkturbelebende Wirkung gezeigt hätte, zeigte aufgrund der starken Funktionsstörungen im Finanzsystem eine nur sehr begrenzte Wirkung. Daher waren die Zentralbanken gezwungen zusätzliche Maßnahmen, die bereits ausführlich erläutert wurden, für Bankenrettungen zu ergreifen. Die niedrigen Leitzinsen wurden von den Banken zwar an die Unternehmen weitergegeben, jedoch wurden auch gleichzeitig die Kreditkonditionen verschärft. Dieses Vorgehen wirkte gegen die allgemein positive Wirkung von Leitzinssenkungen auf Refinanzierungsbedingungen. Hier wurde deutlich, dass die Anspannungen an den Finanzmärkten den geldpolitischen Transmissionsmechanismus behinderten. Zudem ist der geldpolitische Handlungsspielraum durch die Nullzinsgrenze begrenzt.[310]

Kritisch anzumerken ist hier, dass die weltweiten Zentralbanken (darunter insbesondere die FED) eine zu asymmetrische Geldpolitik betreiben. Während Aufschwungphasen mit passivem Verhalten einhergehen, werden in Ab-

---

[309] Vgl. Welfens, P. J. J. (2009c), S. 32; 53 f.
[310] Vgl. BIS (2009), S. 93 f.

schwungphasen regelmäßig Zinssenkungen vorgenommen um dem Vermö-
genspreisverfall entgegenzuwirken. Kritiker dieser Ansicht verweisen darauf,
dass Finanzmärkte dazu tendieren schneller zu fallen als sie steigen und daher
dieser Eindruck der asymmetrischen Vorgehensweise entsteht. Auch wenn die
Zentralbanken dieses asymmetrische Verhalten nicht beabsichtigt hatten, so
hat dieses einseitige geldpolitische Verhalten aktiv zur Destabilisierung der
Vermögensmärkte einerseits und zu erhöhter Risikoneigung der Marktteilnehmer anderseits beigetragen.[311]

Die Zentralbanken sollten daher ihre Geldpolitik nicht nur auf kurz- bis mittelfris-
tige Bestimmungsgründe der Inflation ausrichten, sondern zunehmend eine
langfristige symmetrisch ausgerichtete Geldpolitik betreiben.[312]

5.1 Rolle der EU und internationaler Organisationen

Die Rolle der EU

Für die Stabilität globalisierter Finanzmärkte ist ein internationaler Ordnungs-
rahmen erforderlich, der durch die Arbeit internationaler Organisationen vorangetrieben werden muss. Die EU könnte dabei mit ihren Erfahrungen in „binnen-
internationalen"–Kooperationen eine führende Rolle einnehmen, zumal sich die
Förderung des europäischen Integrationsprozesses durch die Europäische
Wirtschaftspolitik in den letzten zehn Jahren als durchaus erfolgreich herausge-
stellt hat. Damit die Wirtschaftspolitik aber wirklich effektiv arbeiten kann, ist es
weiterhin erforderlich die heterogene Regulierung innerhalb der EU abzuschaffen.[313]

Die Rolle des IMF

Die transatlantischen Bankenkrise hatte starke negative Auswirkungen auf viele
Entwicklungs- und Schwellenländer sowie auf bestimmte Industrienationen wie
Island und Griechenland. Für den IMF ergibt sich daher eine wichtige Rolle im
Hinblick auf die Refinanzierung internationaler Kredite. Der Vorteil ist hier, dass
die Kredite des IMF an sehr strenge Vorgaben gekoppelt sind und Staaten

---

[311] Vgl. Goodhart, C. A. E. (2008), S. 332 – 334; Kempa, B. (2009), S. 142.
[312] Vgl. Kempa, B. (2009), S. 143.
[313] Vgl. Welfens, P. J. J. (2009b), S. 145.

praktisch dazu gezwungen werden diese zukunftsnah zu erfüllen. Um aber seiner Aufgabe gerecht zu werden allen notleidenden Staaten zu helfen, ist die Vergrößerung des IMF-Eigenkapitals erforderlich.[314] Auf Seiten der EU wird derzeitig die Gründung einer europäischen Kopie des IMF diskutiert, um notleidenden Europäischen Staaten zu helfen. Im Laufe dieser Studie wurde mehrmals das Problem von *Moral Hazard* und die Nichteinhaltung des Wachstums- und Stabilitätspakts einiger Länder der EU aufgegriffen und als krisenfördernd identifiziert. Deshalb sollte die Gründung eines Europäischen Währungsfonds (EWF)[315] kritisch beurteilt werden, da ein EWF gerade dieses Verhalten fördern würde. Mit der Schaffung einer solchen Institution wird die im Maastrichter-Vertrag aufgenommene "No bail out"-Klausel praktisch aufgehoben. Zusätzlich könnte eine solche Institution den Glauben an die Verlässlichkeit der europäischen Wirtschaftspolitik schwächen und damit die Stabilität des Euro nachhaltig schädigen. Besonders negativ zu bewerten ist die Absicht die Arbeit des EWF nur auf Länder der Währungsunion zu begrenzen. Andere EU-Mitgliedstaaten, die ebenfalls dem Stabilitäts- und Wachstumspakts unterliegen, sollen demnach weiterhin auf den IMF zurückgreifen müssen. Allein aus dem Grund des Widerspruchs mit dem Gedanken der Europäischen Integration sollte dieses Vorhaben noch einmal grundlegend überdacht werden.

Die Rolle der BIS

Aber auch für die BIS ergeben sich Reformoptionen. Bisher sind viele Staaten Asiens, Afrikas und Lateinamerikas keine Mitglieder der BIS. Die aufgestellten Regeln der Finanzmarktaufsicht sind daher zu schwach auf diese Länder ausgerichtet. Um aber die Regeln der Finanzmarktaufsicht global zu verbreiten ist ein hinzuziehen dieser Länder erforderlich. Wie *Welfens* bereits erläutert, ist eine Verbreiterung der Mitgliederbasis mit hohem organisatorischem Aufwand verbunden und führt möglicherweise zu einer komplizierteren und schwerfälligeren Führung der BIS.[316]

---

[314] Welfens, P. J. J. (2009b), S. 145.

[315] Vgl. z.B. Bundesregierung (2010): Europäischer Währungsfonds: Instrument im Krisenfall, URL: http://www.bundesregierung.de/Content/DE/Artikel/2010/03/2010-03-10-merkel-fillon.html, aufgerufen am 21.03.2010.

[316] Welfens, P. J. J. (2009b), S. 144 f.

6   Zusammenfassung und Ausblick

In diesem Kapitel sollen noch einmal die wichtigsten Erkenntnisse dieser Studie zusammengefasst werden. Ziel diese Studie war es, für die verschiedenen Schwachstellen der internationalen Finanzmärkte und der Wirtschaftspolitik Reformvorschläge zu erarbeiten, die die Stabilität der internationalen Finanzmärkte nachhaltig stabilisieren und damit zum Prozess der EFMI positiv beitragen würden. Um dieses Ziel zu erreichen, wurde allgemein die zunehmende Globalisierung der Finanzmärkte beschrieben sowie die Vor- und Nachteile einer FMI in Kapitel 2 herausgearbeitet. Dabei konnte festgestellt werden, dass die Vorteile einer EFMI die Nachteile überwiegen. Insbesondere der positive Zusammenhang zwischen Wirtschaftswachstum und Integrationsgrad ist dabei hervorzuheben. Die Darstellung der institutionellen Entwicklung der EFMI lässt von Seiten der EU eine Zustimmung dieser Aussage erwarten. Die EU arbeitet daher mit Nachdruck an der Fortführung der Entwicklung der EFMI.

Nicht zu vernachlässigen sind aber auch Probleme wie *Contagion* oder Herdenverhalten, die durch stark vernetzte Finanzmärkte gefördert werden und somit die Gefahr von Währungs- und Banken-/Finanzkrisen erhöhen können. Der theoretische Teil in Kapitel 3.1 konnte diese Faktoren als krisenfördernd bestätigen. Neben diesen wurden mit Hilfe zahlreicher Modelle der ersten, zweiten und dritten Generation weitere Ursachen für Währungs- und Finanz-/Bankenkrisen dargestellt. Neben einer inkonsistenten Wirtschaftspolitik spielen Informationsasymmetrien und Spekulanten eine entscheidende Rolle bei der Entstehung von Krisen.

Eine weitere wichtige Erkenntnis war, dass mehrfache Gleichgewichte (*multiple equilibria*) eintreten können und die Erwartungen der Wirtschaftssubjekte einen entscheidenden Einfluss darauf haben welches der Gleichgewichte eintreten wird (*self-fulfilling prophecies*). Während der transatlantischen Bankenkrise konnten selbsterfüllende Erwartungen auch in Form eines *Bank Runs* bei den Finanzinstituten Northern Rock und der isländischen Kaupthing Bank beobachtet werden. Die Erwartung der Wirtschaftssubjekte dass die Banken zahlungsunfähig werden, führten schließlich zu der erwarteten Zahlungsunfähigkeit der Banken. Die Rolle von Erwartungen ist daher sehr wichtig und kann ein Ausmaß erreichen, das ganze Volkswirtschaften bedroht. So könnte die Zahlungs-unfähigkeit Griechenlands tatsächlich eintreten, wenn nur genügend Wirt-schaftssubjekte die Zahlungsunfähigkeit dieses Landes erwarten.

Auch wenn die oben genannten Gründe mit zur Verschärfung der transatlanti-schen Bankenkrise beigetragen haben, so konnte in Kapitel 3.2 festgestellt werden, dass die Ursachen der Entstehung der Krise ganz andere waren. In diesem Kapitel konnten die globalen Ungleichgewichte, die stark expansive Geldpolitik der USA und die Unterbewertung des Kreditrisikos als Grund für die überreichliche Liquiditätsversorgung der amerikanischen Finanzmärkte bzw. Verzerrung der internationalen Kapitalströme identifiziert werden. In der Folge haben Banken durch Finanzinnovationen und Regulierungsarbitrage (bedingt durch Regulierungsdefizite) staatliche Kontrollmechanismen umgangen, um durch risikoreiche Geschäfte die unrealistischen Renditeerwartungen des Kapi-talmarkts zu erfüllen. Zu dieser Fehlentwicklung am Kapitalmarkt haben Rating-agenturen durch Unterbewertung der Ausfallrisiken maßgeblich beigetragen. Aber auch die Aufsichtsbehörden tragen durch das versäumte Eingreifen eine erhebliche Schuld an der Entstehung der transatlantischen Bankenkrise.

Mit diesen Erkenntnissen konnten in Kapitel 4 mögliche negative Auswirkungen auf die EFMI untersucht werden. Dabei konnte festgestellt werden, dass die vorher stark integrierten Geldmärkte und der Markt für Staatsanleihen am stärksten von der transatlantischen Bankenkrise betroffen sind. Die Turbulen-zen an den Geldmärkten wurden vor allem durch die herrschende Vertrauens-krise unter den Banken ausgelöst. Die getroffenen unkonventionellen Maßnah-men der EZB zur Beseitigung der Liquiditätsverknappung an den Geldmärkten haben zusätzlich zum Umsatzrückgang am Geldmarkt beigetragen. Hingegen konnten die höheren Zinsdifferenzen für Staatsanleihen mit der erhöhten Wahr-nehmung des Ausfallrisikos einzelner Staaten erklärt werden. In 2009 konnte jedoch wieder eine Erholung an den Märkten beobachtet werden.

Zwar ist auch eine leichte Erholung auf dem Aktienmarkt und auf dem Banken-markt erkennbar, jedoch bleiben diese weiterhin schwach integriert. Für den Aktienmarkt konnte mit Hilfe der Indikatoren festgestellt werden, dass die Integ-ration der Aktienmärkte in der EU seit Mitte 2000 leicht zunimmt, durch die Bankenkrise aber wieder leicht abnimmt. Begründet werden kann dies mit dem nach wie vor stark ausgeprägten *Home Bias* der Privatinvestoren. Bei den institutionellen Investoren hingegen ist der *Home Bias* rückläufig, aber auch hier noch zu stark ausgeprägt. Die Bankenmärkte weisen ebenfalls eine nur sehr schwache Integration auf. Auch wenn seit Ausbruch der transatlantischen Bankenkrise die grenzüberschreitenden intra-europäischen *M&As* wertmäßig zugenommen haben, so ist die Anzahl der *M&As* rückläufig. Die Betrachtung der Kreditmärkte liefert ein ähnliches Bild ab. Hier kann seit Ausbruch der Finanzmarktturbulenzen eine Abschwächung der Integration beobachtet werden. Am schwächsten integriert bleibt dabei das Privatkundengeschäft der Banken. Der *Home Bias* ist für diesen Bereich noch sehr stark ausgeprägt.

Die gewonnen Erkenntnisse der Kapitel 2 – 4 konnten zusammengefasst wertvolle Reformvorschläge zur Krisenprävention liefern. Im Ganzen würde ein Abbau der globalen Ungleichgewichte, eine Neustrukturierung der Bankenaufsicht auf globaler Ebene, eine strengere Regulierung der Banken und der Ratingagenturen, eine symmetrische Geldpolitik der Zentralbanken sowie eine Stärkung internationaler Organisationen maßgeblich zur Sicherung der internationalen Finanzmarktstabilität beitragen. Festgestellt wurde jedoch auch, dass alle Maßnahmen nur international koordiniert erfolgen sollten, um Regulierungsarbitrage und einseitige Wettbewerbsverluste zu vermeiden. Insbesondere die USA als Krisenverursacher seien hier aufgefordert sich stärker an internationale Vereinbarungen zu halten. Innerhalb der EU gilt es die immer noch bestehenden heterogenen Regelungen in Bezug auf die Bankenaufsicht abzuschaffen und grenzüberschreitend eine verstärkte Zusammenarbeit anzustreben. Es bleibt daher die unbestreitbare Tatsache, dass eine EFMI zwangsläufig mit einer politischen Integration einhergehen muss.

Literaturverzeichnis

Adam, K. et al. (2002): Analyse, Compare and Apply Alternative Indicators and Monitoring Methodologies to Measure the Evolution of Capital Market Integration in the European Union, Centre for Studies in Economics and Finance (CSEF), Department of Economics and Statistics, University of Salerno.

Adjaouté, K.; Danthine, J. P. (2003): European Financial Integration and Equity Returns: A Theory-Based Assessment, in: The transformation of the European financial system, hrsg. von Gaspar, V. et al., Europäische Zentralbank, Frankfurt/Main.

Akerlof, G. (1970): The Market for Lemons: Quality Uncertainty and the Market Mechanism, in: Quarterly Journal of Economics, Nr. 84, S. 488 – 500.

Arias, G. (2003): Currency Crises: What we know and what we still need to know, C.E.F.I. Working Paper, Nr. 13.

Arrow, K. (1953): The role of securities in the optimal allocation of risk-bearing, in: Review of Economic Studies, Vol. 31, S. 91 – 96.

Aschinger, G. (1991): Theorie der spekulativen Blasen, in: Wirtschaftswissenschaftliches Studium, 20. Jahrgang, Heft 6, S. 270 – 274.

Aschinger, G. (2001): Währungs- und Finanzkrisen, Entstehung, Analyse und Beurteilung aktueller Krisen, Verlag Franz Vahlen, München.

Baele, L. et al. (2004): Measuring Financial Integration in the Euro Area, in: Occasional Papers, Nr. 14, hrsg. von EZB, Europäische Zentralbank, Frankfurt/Main.

Balassa, B. (1961): Towards a Theory of Economic Integration, in: Kyklos - International Review for Social Sciences, Nr. 1, S. 1 – 17.

Beck, U. (1998): Was ist Globalisierung? Irrtümer des Globalismus - Antworten auf Globalisierung, 5. Auflage, Verlag Suhrkamp, Frankfurt am Main.

BIS (2005): 75th Annual Report 2005, Bank for International Settlements, Basel.

BIS (2008): 78th Annual Report 2008, Bank for International Settlements, Basel.

BIS (2009): 79th Annual Report 2009, Bank for International Settlements, Basel.

Borchert, M. (1972): Theoreme und Empirie in der reinen Theorie des internationalen Handels, in: WiSt, Heft 12, S. 529 ff.

Bordo, M. D.; Eichengreen, B. J. (Hrsg.) (1993): The Bretton Woods International Monetary System: A Historical Overview, in: A Retrospective on the Bretton Woods System – Lessons for International Monetary Reform, hrsg. von Bordo, M. D. und Eichengreen, B. J., University of Chicago Press, Chicago.

Chen, C.; Lai, C. (2008): An Interpretation of the Collapsing Process of the Bretton Woods System, in: Open Economies Review, Online First, Springer Netherlands, S. 1 – 15.

Council of Economic Advisers (2010): Economic Report of the President 2010, Washington D.C.

Crockett, A. (1997): Why is financial stability a goal of public policy?, in: Federal Reserve Bank of Kansas City - Economic Review, Ausgabe Q IV, S. 5 – 22.

Deutsche Bundesbank (2008a): Die Europäische Wirtschafts- und Währungsunion, Frankfurt/Main.

Deutsche Bundesbank (2008b): Monatsbericht Juli 2008, Frankfurt/Main.

Deutsche Bundesbank (2009): Monatsbericht Dezember 2009, Frankfurt/Main.

Diamond, D. W.; Dybvig, P. H. (1983): Bank Runs, Deposit Insurance, and Liquidity, in: The Journal of Political Economy, Vol. 91, Nr. 3, S. 401 – 419.

Dormael, A. v. (1979): Bretton Woods. Birth of a Monetary System, in: The Economic Journal, Vol. 89, Nr. 353, S. 154 – 155.

Eatwell, J. (1997): International Financial Liberalization: The Impact on World Development, Discussion Paper Series 12, United Nations Development Programme, New York.

Effenberger, D. (2003): Frühwarnindikatoren für Währungskrisen – Eine theoretische und empirische Analyse unter besonderer Berücksichtigung institutioneller Faktoren am Beispiel Osteuropas, Band 1, Weißensse Verlag, Berlin

Eichberger, J.; Harper, I. R. (1997): Financial Economics, Oxford University Press, S. 99

Eichengreen B. J. (1996): Globalizing Capital: A History of the International Monetary System, Princeton University Press, Princeton, New York.

Eijffinger, S.; Lemmen, J. (2003): Introduction, in: International Financial Integration, hrsg. von S. Eijffinger und J. Lemmen, Edward Elgar Publishing Ltd., Cheltenham/ Northampton, ix – xxv.

Eijffinger, S.; Wagner, W. (Hrsg.) (2001): The feasible gains from international risk sharing, CEPR Discussion Paper, Nr. 2691, Centre for Economic Policy Research, London.

EZB (2003): Die Integration der Europäischen Finanzmärkte, in: Monatsbericht Oktober 2003, Europäische Zentralbank, Frankfurt/Main, S. 61 – 70.

EZB (2006): Indicators of Financial Integration in the Euro Area, Europäische Zentralbank, Frankfurt/Main.

EZB (2007): Korrektur globaler Ungleichgewichte vor dem Hintergrund einer zunehmenden Integration der Finanzmärkte, in: Monatsbericht August 2007, Europäische Zentralbank, Frankfurt/Main, S. 67 – 81.

EZB (2008a): Monatsbericht 10 Jahre EZB, Europäische Zentralbank, Frankfurt/Main.

EZB (2008b): Konvergenzbericht, Europäische Zentralbank, Frankfurt/Main.

EZB (2008c): Euro Money Market Survey, Europäische Zentralbank, Frankfurt/Main.

EZB (2009a): Monatsbericht Februar 2009, Europäische Zentralbank, Frankfurt/Main.

EZB (2009b): Monatsbericht April 2009, Europäische Zentralbank, Frankfurt/Main.

EZB (2009c): Financial Integration in Europe, Europäische Zentralbank, Frankfurt/Main.

EZB (2009d): Euro Money Market Survey, Europäische Zentralbank, Frankfurt/Main.

EZB (2009e): Financial Stability Review December 2009, Europäische Zentralbank, Frankfurt/Main.

EZB (2010): Monatsbericht Februar 2010, Europäische Zentralbank, Frankfurt/Main.

Feldstein, M.; Horioka, C. (1980): Domestic Saving and International Capital Flows, in: The Economic Journal, Royal Economic Society, Vol. 90 (358), S. 314 – 329.

Fischer, S. (2002): On the Need for an International Lender of Last Resort, in: Financial Crises, Contagion, and the Lender of Last Resort, hrsg. von Goodhart, C. und Illing, G., Oxford University Press, New York, S. 491 – 510.

Flood, R. P.; Garber, P. M. (1994): Collapsing Exchange-Rate Regimes: Some Linear Examples, in: Speculative Bubbles, Speculative Attacks, and Policy Switching, hrsg. von Flood, R. P. und Garber, P. M., MIT Press, Cambridge, Massachusetts, S. 179 – 191

Flood, R. P.; Marion, N. (1998): Perspectives on the Recent Currency Crisis Literature, Dartmouth Mimeo.

Flood, R. P.; Rose, A. K. (2003): Financial Integration: A New Methodology and Illustration, NBER Working Paper Nr. 9880, Cambridge, Massachusetts.

Friedmann, T. L. (1998): What goes around..., in: The New York Times, 23. Juni, S. A19.

Garber, P. M. (1993): The Collapse of the Bretton Woods Fixed Exchange Rate System, in: A Retrospective on the Bretton Woods System: Lessons for International Monetary Reform, hrsg. von Bordo, M. D. und Eichengreen, B., University of Chicago Press, Chicago, S. 461 – 494.

Goodhart, C. A. E. (2008): The background to the 2007 financial crisis, in: International Economics and Economic Policy, Vol. 4 (4), S. 331 – 346.

Haas, H. D.; Neumair, S. M. (2005): Internationale Wirtschaft: Rahmenbedingungen, Akteure, räumliche Prozesse, Wissenschaftsverlag, Oldenbourg.

Harbrecht, E. (2009): Die Finanzkrise und ihre Folgen, Deutsche Bundesbank, Frankfurt/Main.

Harbrecht, E.; Wieland, M.; Elsas, R. (2010): Ist eine europäische Ratingagentur sinnvoll, und wie sollte sie organisiert sein?, Ifo Schnelldienst, Ifo Institute for Economic Research at the University of Munich, Vol. 63 (01), S. 3 – 11.

Hott, C. (2004): Finanzkrisen – Eine portfoliotheoretische Betrachtung von Herdenverhalten und Ansteckungseffekten als Ursachen von Finanzkrisen, 1. Auflage, Verlag Peter Lang, Frankfurt am Main.

Hufbauer, G. (1991): World Economic Integration: The Long View, in: International Economic Insights, Vol. 2 (3), S. 26 – 27.

IIF (2008): Capital Flows to Emerging Market Economies, Institute of International Finance, Washington D.C.

IIF (2009): Capital Flows to Emerging Market Economies, Institute of International Finance, Washington D.C.

IMF (2007): Global Financial Stability Report October 2007, International Monetary Fund, Washington D.C.

IMF (2009): Global Financial Stability Report October 2009, International Monetary Fund, Washington D.C.

Keim, M. (2009): Finanzmarktintegration in Europa – Implikationen für Stabilität und Wachstum in Sozialen Marktwirtschaften, Lucius & Lucius, Stuttgart.

Kempa, B. (2007): Globale Ungleichgewichte, in: WiSt, Nr. 8, S. 412 – 415.

Kempa, B. (2009): Finanzmarktglobalisierung und Finanzmarktkrise, in: WiSt, Vol. 3, S. 139 – 143.

Keynes, J. M. [1936 (1970)]: The General Theory of Employment, in: Interest, and Money, Macmillan, London.

Kilger, M. H. (2007): Ein Finanzmarkt für Euroland – Finanzmarktintegration in der EU, hrsg. von M. Feldsieper und F. Foders, Band 54, Tectum Verlag, Marburg.

Kremer, M.; Jayachandran, S. (2002): Odious Debt, NBER Working Paper Nr. 8953, Cambridge, Massachusetts.

Krugman, P. R. (1979): A Model of Balance-of-Payments Crisis, in: Journal of Money Credit, and Banking, Vol. 11, S. 311 – 325.

Krugman, P. R. (1997): Currency Crises, in: NBER Macroeconomics Annual 1997, MIT Press.

Krugman, P. R. (1999): Balance Sheets, the Transfer Problem, and Financial Crisis, in: International Tax and Public Finance, Vol.6 (4), Springer Netherlands, S. 459 – 472.

Krugman, P. R. (2009): Die neue Weltwirtschaftskrise, Campus Verlag, Frankfurt/New York.

Krugman, P. R.; Obstfeld, M. (2009): Internationale Wirtschaft – Theorie und Politik der Außenwirtschaft, 8. Auflage, Pearson Studium, München.

Levine, R. (2004): Finance and Growth: Theory and Evidence, NBER Working Paper Nr. 10766, Cambridge, Massachusetts.

Lutz, A. (2009): Makroökonomik – Eine Einführung in die Theorie der Güter-, Arbeits- und Finanzmärkte, 3. Auflage, Verlag Mohr Siebeck, Tübingen.

Miller, M. H. (1998): Financial Markets and Economic Growth, in: Journal of Applied Corporate Finance, Vol. 11 (3), S. 8 – 14.

Mishkin, F. S. (1992): Anatomy of Financial Crisis, in: Journal of Evolutionary Economics, Vol. 2, S. 115 – 130.

Obstfeld, M. (1994): International Capital Mobility in the 1990s, NBER Working Paper Nr. 4534, Cambridge, Massachusetts.

Obstfeld, M. (1994a): The Logic of Currency Crisis, NBER Working Paper Nr. 4640, Cambridge, Massachusetts.

Obstfeld, M. (1995): Models of Currency Crises With Self-Fulfilling Features, NBER Working Paper Nr. 5285, Cambridge, Massachusetts.

Obstfeld, M. (1996): Models of Currency Crises With Self-Fulfilling Features, in: European Economic Review, Vol. 40, S. 1037 – 1047.

Obstfeld, M.; Rogoff, K. S. (1998): Foundations of international macroeconomics, 3. Auflage, MIT Press, Cambridge, Massachusetts.

Obstfeld, M.; Taylor, A. M. (1998): The Great Depression as a Watershed: International Capital Mobility over the Long-Run, NBER Working Paper Nr. 5960, Cambridge, Massachusetts.

Obstfeld, M.; Taylor, A. M. (2004): Global Capital Markets: Integration, Crisis, and Growth, Cambridge University Press, Cambridge, Massachusetts.

OECD (2009a): OECD Economic Surveys - Euro Area January 2009, Organisation for Economic Cooperation and Development, Paris.

OECD (2009b): OECD-Wirtschaftsausblick März 2009, Organisation for Economic Cooperation and Development, Paris.

Rangvid, J. (2001): Second Generation Models of Currency Crises, in: Journal of Economic Surveys, Vol. 15 (5), S. 613 – 646.

Robinson, J. (1952): The Generalization of the General Theory, in: The Rate of Interest and other Essays, MacMillan, London.

Rose, A. K.; Svensson, L. E. O. (1994): Financial and Balance-of-Payments-Crisis, in: Journal of Development, Vol. 27, S. 263 – 283.

Schierenbeck, H.; Hölscher R. (1998): Bank Assurance, Institutionelle Grundlagen der Bank- und Versicherungsbetriebslehre, 4. Auflage, Schäffer-Poeschel, Stuttgart.

Schiller, R. J. (2008): The subprime solution: how today's global financial crisis happened, and what to do about it, Princeton University Press, New Jersey.

Schrooten, M. (2005): Finanzmarktintegration in Europa, Studientext MES-Schriftenreihe, Europa-Universität Viadrina, Frankfurt an der Oder.

Schüller, A.; Fey, G. (2002): Internationale Integrationsprozesse: Ursachen, Auswirkungen und ordnungspolitische Spannungsfelder, in: Ordnungsprobleme der Weltwirtschaft, hrsg. von A. Schüller und H. J. Thieme, Lucius & Lucius, Stuttgart, S. 3 – 25.

Scitovsky, T. (1969): Money and the Balance of Payments, Vol. 81, Unwin University Books, London.

Sket, M. (2002): Integration der Finanzmärkte: Ursachen, Effekte, Ordnungsprobleme, in: Ordnungsprobleme der Weltwirtschaft, Schriften zu Ordnungsfragen der Weltwirtschaft, hrsg. von A. Schüller und H. J. Thieme, Lucius & Lucius, Stuttgart 2002, S. 252 – 278.

Speyer, B. (2009): Bewertung der wirtschaftlichen Effekte des FSAP, Deutsche Bank Research, Frankfurt/Main.

Steinherr, A. (1994): 30 Years of European Monetary Integration from the Werner Plan to EMU, Longman Publishing, New York,

Svensson, L. E. O. (1987): Trade in Risky Assets, NBER Working Paper Nr. 2403, Cambridge, Massachusetts.

Taylor, A. M. (2004): Global Finance – Past and Present, in: Finance & Development, IMF, Vol. 41 (1), S. 28 – 31.

Thieme, H. J.; Vollmer, U. (1990): Internationale Integration der Finanzmärkte: Wirtschaftspolitische Herausforderungen durch liberalisierten Kapitalverkehr, in: Wirtschaftssysteme im Umbruch, hrsg. von D. Cassel, Verlag Vahlen, München, S. 47 – 71.

US Department of Commerce (1999): Statistical Abstract of the United States, Washington D.C., US Governmental Printing Office.

Vries, d. M. G.; Horsefield, J. K. (1969): The International Monetary Fund 1945 – 1965: Twenty Years of International Monetary Cooperation, Washington D. C., International Monetary Fund.

Welfens, P. J. J. (2009a): Transatlantische Bankenkrise, Lucius & Lucius, Stuttgart.

Welfens, P. J. J. (2009b): Finanzmarktintegration und Wirtschaftswachstum im EU-Binnenmarkt, Lucius & Lucius, Stuttgart.

Welfens, P. J. J. (2009c): Überwindung der Bankenkrise und Wachstumspolitik: Nationale und europäische Optionen, Beitrag für den EIIW-IEW-Workshop Zukunftsfähige Wirtschaftspolitik Deutschlands – Bankenstabilisierung, Strukturwandel und Wachstum, DSVG, Berlin.

Welfens, P. J. J. (2010): Grundlagen der Wirtschaftspolitik: Institutionen - Makroökonomik – Politikkonzepte, 4. Auflage, Springer Verlag, Heidelberg.

Winkler, A. (2008): Globale Ungleichgewichte, Wechselkursregime und Finanzkrise, in: Wirtschaftsdienst, Vol. 88 (11), S. 723 – 731.

Internetquellen

BaFin (2010): BaFin stellt klar: Bislang keine Anhaltspunkte für massive Spekulationen gegen griechische Anleihen, URL:
http://www.bafin.de/cln_179/nn_722758/SharedDocs/Mitteilungen/DE/Serv
ice/PM__2010/pm__100308__cds__spekulationen.html, aufgerufen am:
10.03.2010.

Bernanke, B. (2005): The Global Saving Glut and the U.S. Current Account
Deficit, in: The Sandridge Lecture, Virginia Association of Economics,
Richmond, Virginia, URL:
http://www.federalreserve.gov/boarddocs/speeches/2005/200503102/defa
ult.htm, aufgerufen am: 10.03.2010.

FAZ (2007): Könnten Anleger von einer Reform des Ratingmarkts profitieren?,
URL:
http://www.faz.net/s/Rub09A305833E12405A808EF01024D15375/Doc~E
C4EE3B3F24A64E9A9D8240AA7A5D92D5~ATpl~Ecommon~Scontent.ht
ml, aufgerufen am: 13.03.2010

Krugman, P. R. (1998): What happened to Asia, MIT Mimeo, URL:
http://web.mit.edu/krugman/www/DISINTER.html, aufgerufen am:
10.03.2010.

Pagano, M. (2002): Measuring financial integration, URL: http://www.eu-
financial-system.org/fileadmin/content/Dokumente_Events/launching_
workshop/Pagano.pdf, aufgerufen am: 10.03.2010.

SEC (2009): SEC Votes on Measures to Further Strengthen Oversight of Credit
Rating Agencies, URL: http://www.sec.gov/news/press/2009/2009-
200.htm, aufgerufen am: 15.03.2010.

Anhang

Anhang 1:Die Globalisierung der Finanzmärkte und Finanzmarktintegration

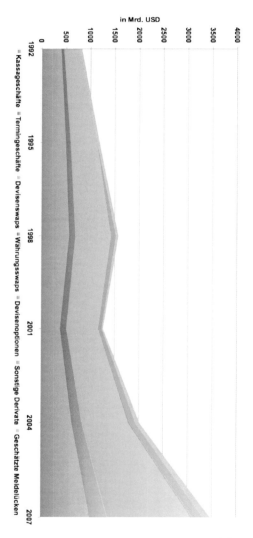

Abbildung 32: Die Entwicklung der weltweiten Devisenmarktumsätze[317]

---

[317] Quelle: BIS (2008), S. 88 und eigene Darstellung.

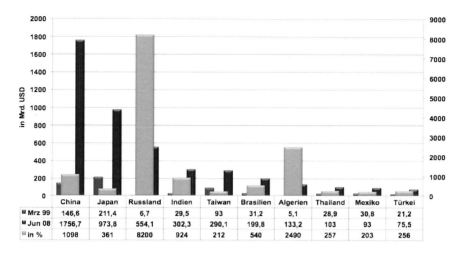

	China	Japan	Russland	Indien	Taiwan	Brasilien	Algerien	Thailand	Mexiko	Türkei
■ Mrz 99	146,6	211,4	6,7	29,5	93	31,2	5,1	28,9	30,8	21,2
■ Jun 08	1756,7	973,8	554,1	302,3	290,1	199,8	133,2	103	93	75,5
▒ in %	1098	361	8200	924	212	540	2490	257	203	256

Abbildung 33: Länder mit der größten Akkumulation von Devisenreserven

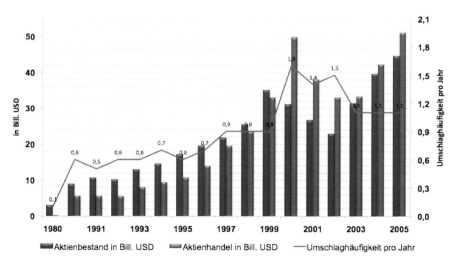

Abbildung 34: Aktienbestand und Aktienhandel in absoluten Zahlen, Umschlaghäufigkeit pro Jahr, weltweit 1980 bis 2005[318]

---

[318] Quellen: World Federation of Exchanges (WFE): Annual Report (verschieden Jahrgänge); eigene Darstellung.

141

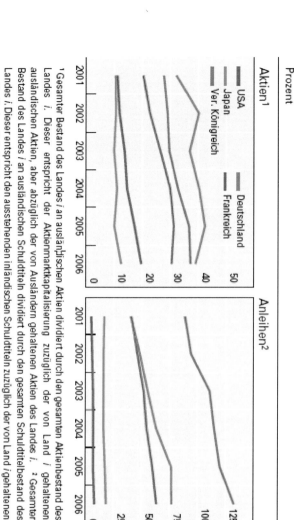

Abbildung 35: Portfolioanteile ausländischer Aktien und Anleihen[319]

[319] Quellen: IMF; Bloomberg; World Federation of Exchanges (WFE); BIS (2008), S. 85.

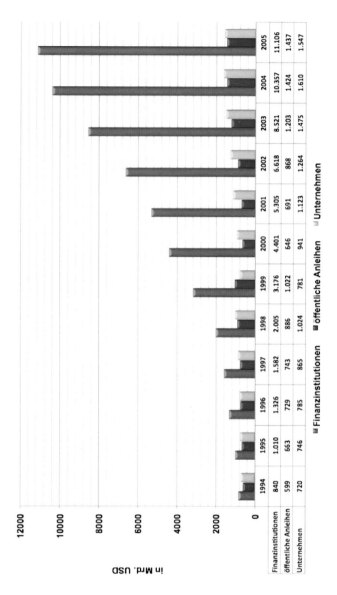

	1994	1995	1996	1997	1998	1999	2000	2001	2002	2003	2004	2005
Finanzinstitutionen	840	1.010	1.326	1.582	2.005	3.176	4.401	5.305	6.618	8.521	10.357	11.106
öffentliche Anleihen	599	663	729	743	886	1.022	646	691	868	1.203	1.424	1.437
Unternehmen	720	746	785	865	1.024	781	941	1.123	1.264	1.475	1.610	1.547

in Mrd. USD

Abbildung 36: Bestand aller internationaler Anleihen sowie festverzinsliche Wertpapiere am Jahresende von 1994 bis 2005[320]

---

[320] Quellen: WFE; BIS: Quarterly Review (verschiedene Jahrgänge); eigene Darstellung.

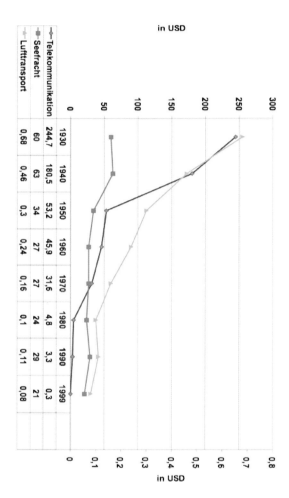

Abbildung 37: Preisentwicklung für Telekommunikation, Seefracht (beide linke Skala) und Lufttracht (rechte Skala)[321]

---

[321] Quellen: Hufbauer, G. (1991), S. 26 – 27; eigene Darstellung. Anmerkung: Die durchschnittlichen Seetransportkosten enthalten die Hafengebühren für Import- und Exportfracht pro *Short Ton* (907,18 kg). Die Lufttransportkosten sind pro Passagier und Meile. Die Telekommunikationskosten sind für ein 3-minütiges Telefongespräch von New York nach London.

Anhang 2: Modell der internationale Portfoliodiversifizierung[322]

Investoren berücksichtigen nicht nur die Rendite, sondern auch das damit verbundene Risiko. Sie nehmen niedrigere Renditen in Kauf, wenn damit das Gesamtrisiko ihres Portfolios verringert werden kann. Es soll daher ein Modell der internationalen Portfolio-Diversifizierung für risikoscheue Investoren gezeigt werden.

Modellannahmen:

Ein Investor kann das ihm zur Verfügung stehende reale Vermögen (w) auf ein inländisches und ein ausländisches Investment verteilen. Die zwei möglichen Zukunftsszenarien können nicht vorhergesagt werden. Szenario 1 (Inlandsanlage), welches die Eintrittswahrscheinlichkeit q hat, erzielt eine Rendite von H_1 bei einer Inlandsanlage und bei einer Auslandsanlage wird eine Rendite von F_1 erzielt. Szenario 2 hat die Eintrittswahrscheinlichkeit $(1 - q)$ und erzielt die Erträge H_2 und F_2. Beim Eintreten beider Szenarien gleichzeitig erzielt keine der beiden eine höhere Rendite. Der Vermögensanteil α wird in eine Inlandsanlage investiert und der Anteil $(1 - \alpha)$ in die Auslandsanlage.

Bei Eintritt von Szenario 1 kann der gewichtete Durchschnitt des Wertes beider Finanzanlagen konsumiert werden. Die Konsumgleichung für Szenario 1 lautet:

$$C_1 = \{\alpha H_1 + (1 - \alpha)F_1\} \times W. \tag{13}$$

Entsprechend ergibt sich der Konsum, wenn Szenario 2 eintritt:

$$C_2 = \{\alpha H_2 + (1 - \alpha)F_2\} \times W. \tag{14}$$

Aus beiden Szenarien zieht der Investor den Nutzen $U(C)$ aus dem Konsumniveau C. Da der Eintritt der Szenarien vom Zufall abhängt entscheidet sich der Investor für das Portfolio, welches seinen durchschnittlichen bzw. erwarteten Nutzen des zukünftigen Konsums maximiert, nämlich:

$$qU(C_1) + (1 - q)U(C_2). \tag{15}$$

---

[322] Vgl. Krugman, P. R.; Obstfeld, M. (2009), S. 887 f.

Wird nun Gleichung (13) und (14) in die Funktion (15) eingesetzt, um den Portfolio-Anteil α zu bestimmen der den erwarteten Nutzen maximiert, so ergibt dies:

$$qU = \{(\alpha H_1 + (1 - \alpha)F_1) \times W\} + (1 - q)U\{(\alpha H_2 + (1 - \alpha)F_2) \times W\}. \tag{16}$$

Die Funktion (16) wird jetzt nach α differenziert und die Ableitung der Funktion gleich Null gesetzt. Dabei entspricht U'(C) (Grenznuten des Konsums) der ersten Ableitung der Nutzenfunktion $U(C)$. Der Anteil α maximiert demnach dann den erwarteten Nutzen, wenn:

$$\frac{H_1 - F_1}{H_2 - F_{21}} = \frac{(1-q)U'\{(\alpha H_2 + (1 - \alpha)F_2) \times W\}}{qU'\{(\alpha H_1 + (1 - \alpha)F_1) \times W\}} \tag{17}$$

gilt. Die Gleichung (17) kann nun nach α aufgelöst werden um den optimalen Portfolioanteil α zu erhalten. Für risikoscheue Investoren führt eine steigender Konsum zum Sinken des Grenznutzens des Konsums U'(C). Dies erklärt warum risikoscheue Investoren eher auf den zusätzlichen Konsumnutzen im Falle eines Gewinns verzichten als auf den sicheren Konsumnutzen im Falle eines Verlustes zu verzichten.

Im Falle des risikoneutralen Investors, ändert sich der Grenznutzen des Konsums nicht mit steigendem Konsum. Risikoneutrale Investoren würden das ihnen zur Verfügung stehende Kapital auch dann anlegen, wenn der erwartete Ertrag Null ist. Die Gleichung für einen risikoneutralen Investor lautet daher:

$$qH_1 + (1 - q)H_2 = qF_1 + (1 - q)F_2. \tag{18}$$

In diesem Fall ist $U'(C)$ für alle C konstant. Gleichung (18) zeigt, dass die erwartete Rendite bei In- und Auslandsanlagen gleich ist.

Anhang 3: Währungskrisenmodelle

Das Modell von Flood und Garber[323]

Die einheimischen Wirtschaftssubjekte können einheimisches Geld sowie einheimische und oder ausländische Bonds halten, die perfekte Substitute darstellen. Wie beim Modell von Krugmann hält die einheimische Regierung Devisenreserven um ihren Wechselkurs zu fixieren. M_t stellt die inländische Geldmenge dar, P_t das Preisniveau und i_t den inländischen Nominalzinssatz. Die Größen a_0 und a_1 sind Geldnachfragkoeffizienten und stellen Konstanten dar, da von gleichbleibendem Realoutput und Vollbeschäftigung ausgegangen wird. Die Devisenbestände der heimischen Zentralbank werden durch R_t, die Höhe der Inlandskredit durch D_t sowie der Devisenkassakurs durch S_t repräsentiert. Ein Sternchen (*) bezeichnet eine ausländische Variable und ein Punkt (·) über der Variable bildet die zeitliche Ableitung ab, d.h. $x = dx / dt$.

Das Geldmarktgleichgewicht ist gegeben durch die Bedingung:

$$\frac{M_t}{P_t} = a_0 - a_1 i_t \qquad mit \ \ a_0 > 0, \ a_1 > 0. \tag{19}$$

Gleichung (20) setzt das nominelle Geldangebot dem Buchwert der Devisenbestände der Zentralbank erhöht um die Höhe der Inlandskredite gleich.

$$M_t = R_t + D_t. \tag{20}$$

Aufgrund der anhaltenden Finanzierung des Budgetdefizits des Staates, wachsen die inländischen Kredite konstant pro Zeiteinheit mit der Rate μ (siehe Formel (21)).

$$\dot{D}_t = \mu \qquad mit \ \ \mu > 0. \tag{21}$$

Zusätzlich wird vollständige Kaufkraftparität mit Gleichung (22) unterstellt. Bei vollständiger Güterarbitrage müssen die Preise der in- und ausländischen Güter in derselben Währung gemessen übereinstimmen.[324]

$$P_t = P_t^* S_t. \tag{22}$$

---

[323] Vgl. Flood, R. P.; Garber, P. M. (1994), S. 179 – 191 und Aschinger, G. (2001), S. 149 – 155.

[324] Vgl. Aschinger, G. (2001), S. 146.

Die letzte Annahme ist die der ungesicherten Zinsparität unter vollständiger Voraussicht der Wirtschaftssubjekte in Gleichung (23).

$$i_t = i_t^* + \{\frac{\overline{S}_t}{S_t}\} .$$

(23)

Werden die Gleichungen (22) und (23) in die Gleichung (19) eingesetzt (es gilt gleichzeitig Kaufkraft- und Zinsparität), so ist die Geldmenge M gegeben durch:

$$M_t = \beta S_t - \alpha \dot{Y}_t ,$$

(24)

$\beta \equiv (a_0 P^* - a_1 P^* i^*), \quad \alpha = a_1 P^* \quad wobei \quad \beta > 0$ angenommen wird.[325]

Sowohl β als auch α sind Konstanten da angenommen wird, dass P^* und i^* konstant sind. Ist der Wechselkurs fix, gilt $S_t = \overline{S}$ und damit die tatsächliche Wechselkursänderung $\dot{Y}_t = 0$. Die Geldmenge M entspricht dann $\beta \overline{e}$. Um den fixen Wechselkurs beibehalten zu können, muss das Geldangebot (siehe Gleichung (20)) konstant sein. Das Einsetzen der Gleichung (20) in (24) ergibt folgende Bedingung für die Währungsreserven:

$$R_t = \beta \overline{S} - D_t .$$

(25)

Wird die Gleichung (25) nach der Zeit abgeleitet, ergibt sich folgende Entwicklung der Währungsreserven:

$$\dot{R}_t = -\dot{D}_t = -\mu \quad mit \quad \mu > 0 .$$

(26)

Um mit dem exogen gewählten Wechselkurs $\overline{S}$ ein konstantes Geldangebot zu erhalten, müssen die Devisenreserven der Zentralbank im gleichen Maße fallen wie die Inlandskredite steigen, et vice versa. Die Zentralbank wird solange den fixen Wechselkurs stützen wie ihre Devisenreserven positiv sind. Jedoch ist der bevorstehende Kollaps des Wechselkursregimes nicht unvermeidbar, da jede Bereitstellung von endlichen Devisenreserven zur Stützung des fixen Wechselkurses innerhalb einer endlichen Zeit aufgebraucht wird. Die Regierung muss in diesem Falle die feste Wechselkursanbindung aufgeben. Die Wirtschaftssubjekte werden die letzten Reserven der Zentralbank durch spekulative Attacken

---

[325] Das mathematische Zeichen „$\equiv$" (Identität) bezeichnet alle Gleichheitsbeziehungen, die für alle möglichen Parameterwerte erfüllt sind.

„auslöschen". Dies geschieht zum Zeitpunkt z. Die neue Geldmarktgleichung unmittelbar nach Aufgabe der Wechselkursanbindung z_+ lautet:

$$M_{z_+} = \beta S_{z_+} - \alpha \check{Y}_{z_+},$$ (27)

$$M_{z_+} = D_{z_+} \quad weil \quad R_{z_+} = 0.$$

Die neue Geldmenge entwickelt sich mit $M = \mu$ aufgrund des vollständigen Verbrauchs der Reserven in z. Daraus ergibt sich die Entwicklung des jetzt flexiblen Wechselkurses S_t mit Hilfe des Ansatzes $S_t = \lambda_0 + \lambda_1 M_t$, $t \geq z$:

$$S_t = \frac{\alpha \mu}{\beta^2} + \frac{M_t}{\beta} \quad mit \quad t \geq z.$$ (28)

Bei vollständiger Voraussicht erfolgt der Übergang von fixen zu flexiblen Wechselkursen ohne Sprung. Denn wäre die Aufgabe des fixen Wechselkurses mit einer sprunghaften Abwertung der Inlandswährung verbunden, könnten Spekulanten Gewinne erzielen. Dies kann wie folgt nachvollzogen werden. Es wird nun der Zeitpunkt betrachtet an dem es zu einer spekulativen Attacke auf die letzten Währungsreserven der Zentralbank kommt. Angenommen die Spekulanten erwarten einen Kollaps im Zeitpunkt z und es gilt $S_{z_+} > \overline{S}$ (diskrete Abwertung der Inlandwährung), dann machen Spekulanten, die zum Zeitpunkt z die Reserven der Zentralbank „attackieren", einen Gewinn von $\{S_{z_+} - \overline{S}\} R_{z_-}$. Die Variable z_- steht dabei für den Zeitpunkt unmittelbar vor dem Kollaps. Da die Gewinne endlich sind, können diese auch nur endlich auflaufen. Die Spekulanten stehen daher im Wettbewerb untereinander um die begrenzten Gewinne zu erzielen. Ein einzelner Spekulant der erwartet das eine Attacke zum Zeitpunkt z stattfinden wird, hat den Anreiz seinen Mitbewerbern zuvorzukommen und die letzten Währungsreserven kurz vor dem Zeitpunkt z zu attackieren. Daher findet die Attacke unmittelbar vor dem Zeitpunkt z statt. Das z erfüllt nun folgende Bedingung:

$$S_{z_+} = \overline{S}.$$ (29)

Würde $S_{z_+} < \overline{S}$ gelten, würde sich die Inlandswährung sprunghaft aufwerten und die Spekulanten würden einen Verlust von $\{S_{z_+} - \overline{S}\} R_{z_-} < 0$ erleiden. Diese Gleichung führt dazu, dass die letzten Devisenreserven nicht „attackiert" werden und es somit zu keiner Währungskrise kommt.

Aus der Gleichung (29) kann jetzt der genaue Zeitpunkt z des Kollapses berechnet werden:

$$z = \frac{\beta \bar{S} - D_0}{\mu} - \frac{\alpha}{\beta} = \frac{R_0}{\mu} - \frac{\alpha}{\beta}.$$
(30)

Gleichung (31) zeigt dass für die Reserven unmittelbar vor dem Kollaps folgende Bedingung gelten muss:

$$\bar{S} = \frac{R_{z_-} + D_{z_-}}{\beta}.$$
(31)

Die Gleichung (31) eingesetzt in Gleichung (30), unter Beachtung das $D_{z_-} = D_0 + \mu z$ gilt, ergibt die Reserven der Zentralbank, die durch die spekulativen Attacken in z „ausgelöscht" werden:

$$R_{z_-} = \frac{\alpha \mu}{\beta}.$$
(32)

Falls der Wechselkurs nicht nur auf Fundamentaldaten beruht, lautet der Blasenterm wie folgt:

$$S_t = A \exp^{\frac{(t-z)\beta}{\alpha}} + \frac{\alpha \mu}{\beta^2} + \frac{M_t}{\beta}.$$
(33)

$A \geq 0,\ wenn\ A < 0\ dann\ S_t < 0\ \ für\ alle\ \ t.$

A entspricht dabei einer frei wählbaren Konstante bestimmbar zum Zeitpunkt z.

Der gesuchte Schattenwechselkurs ergibt sich in $t = z$ wie folgt:

$$S_t = A + \frac{\alpha \mu}{\beta^2} + \frac{D_t}{\beta}$$
(34)

und damit der Kollapszeitpunkt z durch:

$$z = \frac{R_0}{\mu} - \frac{\alpha}{\beta} - \frac{A\beta}{\alpha}.$$
(35)

Abbildung 38 zeigt grafisch, dass der Zeitpunkt der spekulativen Attacke z durch den Schnittpunkt der Funktionen des Schattenwechselkurses S_t mit der horizontalen Funktion des festen Wechselkurses $\bar{S}$ bestimmt wird. Es existieren keine Arbitragemöglichkeiten, da in diesem Fall kein Sprung im Wechselkurs

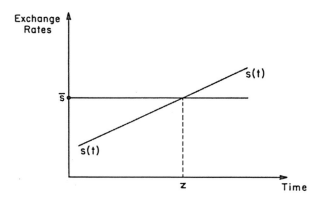

Abbildung 38: Bestimmung des Zeitpunkts der Währungsattacke[326]

auftritt. Aus den Gleichungen (31) und (35) lassen sich die Reserven unmittelbar vor der Attacke bestimmen:

$$R_{z_-} = \beta A + \frac{\alpha\mu}{\beta}. \quad (36)$$

Abbildung **39** zeigt grafisch die Geldmengenentwicklung vor und nach dem Übergang zu flexiblen Wechselkursen. Bei festen Wechselkursen bleibt die Geldmenge konstant. Dies impliziert, dass die Devisenreserven der Zentralbank bei stetiger Zunahme der Inlandskredite mit gleicher Rate abnehmen (siehe Gleichung (24)). Die Geldmenge und der Devisenbestand der Zentralbank verringern sich während der Währungsattacke z um den Betrag $\alpha\mu/\beta$, wobei die Devisenreserven auf null fallen. Würden die Devisenreserven stetig abnehmen, wären diese erst zum Zeitpunkt R_0/μ aufgezehrt. Bei vollständiger Voraussicht führt der Wettbewerb der Spekulanten untereinander zu einer Vorverschiebung der Währungsattacke um α/β - Zeiteinheiten. Mögliche Arbitragegewinne sind hier nicht möglich, da die Aufhebung der Parität ohne sprunghafte Änderung des Wechselkurses erfolgt.

---

[326] Quelle: Garber, P. M. (1994), S. 182.

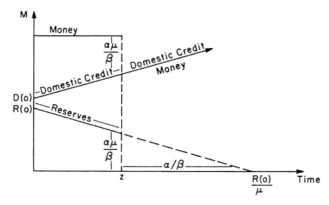

Abbildung 39: Geldmengenentwicklung[327]

Das Modell von Obstfeld[328]

In diesem Modell nimmt Obstfeld vollständige Voraussicht der Wirtschaftssubjekte an. Der Schattenwechselkurs steigt bei stetiger Verzinsung exponentiell mit dem Zinssatzdifferenzial gegenüber dem Ausland an, da ansonsten Arbitragegewinne erzielt werden könnten. Weiterhin wird angenommen, dass der ausländische Zinssatz i^* gleich Null ist. Gilt $S < \overline{S}$, also ist der Schattenwechselkurs niedriger als der feste Wechselkurs, dann verkaufen die Wirtschaftssubjekte ihre Devisen und legen das inländische Geld zum Inlandszins ($i > 0$) an. Im umgekehrten Fall $S > \overline{S}$ werden die Zentralbankreserven von den Wirtschaftssubjekten aufgekauft. Für den Fall $S = \overline{S}$ erfolgt ebenfalls eine Währungsattacke. Der Schattenwechselkurs steigt mit der gleichen Rate wie die Inlandskredite mit der positiven Rate µ zunehmen. Erfolgt eine Währungsattacke nehmen die Abwertungserwartungen der Wirtschaftssubjekte von Null auf µ zu.

Von diesen Prämissen ausgehend wird eine Welt mit zwei Perioden betrachtet. In der ersten Zeitperiode werden ein Teil der Staatsschulden, die aus vorigen Zeitperioden stammen, fällig. Der restliche Teil der Staatsschulden wird in der

---

[327] Quelle: Garber, P. M. (1994), S. 183.
[328] Vgl. Obstfeld, M. (1994a).

zweiten Periode fällig. Staatsschulden bestehen sowohl in inländischer als auch in ausländischer Währung. Die in der ersten Periode fälligen Schulden werden durch den Staat nicht bedient. Dieser verlängert die Tilgungsdauer oder begeht eine Neuverschuldung. Annahmegemäß erhebt der Staat in der ersten Periode keine Steuern. Laufende Staatsausgaben werden ausschließlich durch Kredite finanziert. In der zweiten Zeitperiode finanziert der Staat die Staatsschulden in inländischer Währung und die laufenden Staatsausgaben entweder durch Steuererhebungen, durch Auflösung von Devisenreserven der Zentralbank oder durch die Erhöhung der inländischen Geldmenge (Inflation).

Anfangs seien ein fixer Wechselkurs und die Gültigkeit der Kaufkraftparität angenommen. Um nun die Ausgaben des Staates finanzieren zu können, muss eine intertemporale Budgetrestriktion erfüllt sein. Der Regierung stehen zur Deckung der Ausgaben in der zweiten Zeitperiode die Möglichkeit der Steuererhebung oder die Möglichkeit der Abwertung der eigenen Währung (Inflation) zur Verfügung. Die Regierung verfolgt dabei die Absicht sowohl die Steuerbelastung als auch die Inflation möglichst gering zu halten. Die Verlustfunktion die daher minimiert werden soll, lautet:

$$L = (1/2)\tau^2 + (1/2)\theta\varepsilon^2 \qquad (37)$$

Der Steuersatz wird dabei durch τ, die Inflationsrate durch ε und der relative Gleichgewichtungsfaktor durch θ dargestellt. Zwei Gleichgewichte können eintreten, die entweder mit einer niedrigen Abwertungsrate und niedrigem Zinssatz oder hohen Abwertungsrate und hohen Zinssatz einhergehen. Dabei erleidet die Regierung beim zweiten Gleichgewicht einen größeren Verlust. Die optimale Abwertungsrate (Inflationsrate) hängt vom nominellen heimischen Zinssatz und der Zusammensetzung der Schulden ab. Da der Grundsatz der Zinsparität erfüllt ist, wächst der inländische Zinssatz mit ansteigender Abwertungsrate.[329] Obstfeld nimmt weiter an, dass die Abwertung einer Währung für die heimische Regierung, die ihren Wechselkurs zuvor fixiert hatte, mit fixen Kosten in Höhe von c verbunden ist. Die Regierung, die ihre Währung an eine andere Ankerwährung fixiert hat, kann die Höhe ihrer Einnahmen nur über Änderungen des

---

[329] Vgl. Aschinger, G. (2001), S. 162 f.

Steuersatzes beeinflussen. Dieser Effekt wirkt sich umso negativer auf die Verlustfunktion aus, je höher der Zinssatz ist. Die Regierung wird das fixe Wechselkursregime aufgeben, wenn der negative Effekt die fixen Kosten c übersteigt. Erwarten die Wirtschaftssubjekte nun eine Abwertung, so kann es wie bereits oben im Modell gezeigt zu zwei Gleichgewichtszinssätzen kommen. Dabei gibt die Regierung das fixe Wechselkursregime auf, wenn sich der höhere der beiden Zinssätze einstellt.[330]

Im zweiten Teil dieser Studie untersucht Obstfeld die zu minimierenden Verluste aus der Abwertung der Währung und der Abweichung von einem Outputziel. Der Output hängt hier positiv vom Preis der ausländischen Währung und negativ vom realen Lohnsatz sowie negativ von exogenen Schocks ab, während der Lohnsatz hingegen positiv vom erwarteten Preis der ausländischen Währung abhängt. Für die Regierung ergibt sich somit die einzige Aufgabe, der optimalen Abwertung ihrer Währung, die abhängig von der Höhe des exogenen Nachfrageschocks und dem gesetzten Lohnsatz ist. Auch in diesem Teil der Arbeit geht Obstfeld davon aus, dass das fixe Wechselkursregime fixe Kosten in Höhe von c verursacht. Die Regierung wird daher auch hier erst dann eine Abwertung der inländischen Währung zulassen, wenn die zusätzlichen Verluste durch die Wechselkursanbindung die fixen Kosten c übersteigen. Am Arbeitsmarkt werden nun Erwartungen über den Eintritt und die Höhe einer Abwertung gebildet. Auch hier kann es zu zwei Gleichgewichten kommen, wobei nur eines der Erwartungen zu einer Abwertung führt. Folglich besteht auch in diesem Modell die Möglichkeit, dass selbst erfüllende Prophezeiungen zu einer Währungskrise führen können.[331]

---

[330] Vgl. Obstfeld, M. (1994a): S. 24 – 38.
[331] Vgl. Obstfeld, M. (1994a): S. 38 – 49.

Ein Beispiel einer Währungsattacke[332]

Die Idee der zweiten Generation lässt sich anhand des folgenden Beispiels in Anlehnung an Obstfeld (1996) darstellen. Ein Land sei angenommen, dessen Währung unter Abwertungsdruck steht.[333] Dabei kann die Währung entweder um ΔS abwerten oder konstant bleiben. Dem Land stehen Devisenreserven in Höhe von R zur Verfügung um den festen Wechselkurs zu verteidigen. Die Währung des Landes soll um ΔS abwerten, wenn die Währungsreserven der Zentralbank wertmäßig niedriger sind als das von den Spekulanten verwendete Kapital (erfolgreiche Attacke). Unterstellt seien zwei Spekulanten (Trader 1 und 2), die über jeweils K inländische Geldeinheiten (GE) verfügen, welche jederzeit bei der Zentralbank (passiver Akteur) gegen Devisen eingetauscht werden können. Bei der Spekulation gegen die Währung entstehen Transaktionskosten in Höhe von c (costs). Im Folgenden sollen drei unterschiedliche Fälle in einem Nash-Diagramm (Pay-Off Matrix) betrachtet werden:

1. Hohe Reserven

    Die Reserven der Zentralbank sollen 20 Geldeinheiten (*GE*) betragen. Das den Spekulanten jeweils zur Verfügung stehende Kapital beträgt 6 GE. Entscheidet sich ein Spekulant zum Verkauf (Sell) seiner inländischen Währung, entstehen ihm Kosten in Höhe von 1. In diesem Fall besitzt die Zentralbank genug Devisen (20 *GE*) um den Wechselkurs erfolgreich zu verteidigen, selbst wenn beide Spekulanten ihr gesamtes inländisches Kapital (12 *GE*) bei der Zentralbank gegen Devisen eintauschen. Folglich erwirtschaftet ein Spekulant der eine Position gegen den festen Wechselkurs einnimmt einen Verlust in Höhe von 1, unabhängig davon wie sich der andere Spekulant entscheidet. Die dominante Strategie ist das Halten der inländischen Währung. Das einzige Nash-Gleichgewicht (*Nash-Equilibrium*) in Abbildung 40 ist demnach oben links und der fixe Wechselkurs bleibt bestehen.

---

[332] Vgl. Obstfeld, M. (1996), S. 1037 – 1047.

[333] Ein Abwertungsdruck auf die Währung kann als eine mögliche Folge einer hohen Verschuldung und den damit verbundenen Zinszahlungen entstehen. Vgl. Aschinger, G. (2001), S. 162.

Trader 2

	Hold	Sell
Trader 1 *Hold*	0, 0	0, -1
Sell	-1, 0	-1, -1

Abbildung 40: Hohe Reserven – Spiel[334]

2. Niedrige Reserven

Die Reserven der Zentralbank sollen jetzt nur noch 6 *GE* betragen. Dies bedeutet, dass ein einzelner Spekulant das fixe Wechselkursregime beseitigen kann. Annahmegemäß soll die inländische Währung um 50 % (ΔS) abwerten, wenn der feste Wechselkurs nicht mehr verteidigt werden kann. Ein Spekulant der seine ganze inländische Währung verkauft hat erzielt jetzt einen Ertrag in Höhe von 3 *GE* in inländischer Währung. Nach Abzug der Transaktionskosten in Höhe von 1 bleiben dem Spekulant 2 *GE* Gewinn. Verkaufen beide Spekulanten ihre inländische Währung bekommt jeder nur die Hälfte der Zentralbankreserven und erzielt folglich auch nur die Hälfte des Gewinns in Höhe von $(3/2) - 1 = 1/2$ *GE*. In diesem Fall ist der Verkauf der inländischen Währung die dominante Strategie. Das einzige Nash-Gleichgewicht ist demnach unten rechts, d.h. der fixe Wechselkurs fällt (siehe Abbildung 41).

Trader 2

	Hold	Sell
Trader 1 *Hold*	0, 0	0, 2
Sell	2, 0	1/2, 1/2

Abbildung 41: Niedrige Reserven – Spiel[335]

---

[334] Quelle: Obstfeld, M. (1995), S. 5.

3. Mittlere Reserven

Im letzten Fall soll *R*=10 gelten. Die Zentralbank kann nun den fixen Wechselkurs nur gegen einen Spekulanten verteidigen, jedoch nicht gegen beide Spekulanten gleichzeitig. Verkauft nur ein Spekulant seine inländische Währung so entstehen ihm Kosten in Höhe von 1, während der andere Spekulant, der nicht verkauft, seinen Ausgangszustand von 0 behält. Attackieren jedoch beide gleichzeitig den fixen Wechselkurs, so erzielt jeder $(5/2)-1=3/2$ *GE*. In diesem Fall gibt es zwei Nash-Gleichgewichte, d.h. keine dominante Strategie. Im Nash-Gleichgewicht unten rechts attackieren beide Spekulanten den Wechselkurs gleichzeitig und der feste Wechselkurs fällt. Erwartet jedoch keiner der beiden Spekulanten eine Attacke auf den Wechselkurs, liegt das Nash-Gleichgewicht oben links und der feste Wechselkurs bleibt bestehen. Dieses Beispiel zeigt, dass das Gleichgewicht der Attacke einen selbsterfüllenden Faktor enthält. Der Wechselkurs fällt wenn er gemeinsam attackiert wird, bleibt aber bestehen wenn dies nicht der Fall ist. Die Höhe der Zentralbankreserven macht einen Zusammenbruch des fixen Wechselkursregimes zwar möglich aber nicht ökonomisch notwendig.

		Trader 2	
		Hold	*Sell*
Trader 1	*Hold*	0, 0	0, -1
	Sell	-1, 0	3/2, 3/2

Abbildung 42: Mittlere Reserven – Spiel[336]

Das Beispiel zeigt, dass multiple Gleichgewichte in Abhängigkeit von *R* (Fundamentaldaten) auftreten können. Die spekulative Attacke auf das fixe Wechselkursregime setzt die Koordination der Erwartungen der Wirtschaftssubjekte voraus. Ob eine Attacke erfolgt oder nicht ist infolgedessen unvorhersehbar.

---

[335] Quelle: Obstfeld, M. (1995), S. 5.
[336] Quelle: Obstfeld, M. (1995), S. 5.

Entstehung einer spekulativen Blase

Aschinger (1991) entwickelt ein Modell zur Entstehung von spekulativen Blasen. Annahmegemäß sollen die Wirtschaftssubjekte rational handeln, rationale Erwartungen haben sowie kontinuierlicher Markträumung und Risikoneutralität herrschen. Wenn p_t der Preis und x_t die Dividende des Wertpapiers in der Periode t ist, dann ist der Ertrag (R_t) aus einem risikoreichen Wertpapier folgender:

$$R_t = \frac{p_{t+1} - p_t + x_t}{p_t}. \tag{38}$$

Die in diesem Modell getroffenen Annahmen implizieren das die erwartete Rendite gleich dem sicheren Ereignis r ist. Unter der Informationsmenge der jetzigen Periode Ω_t ist der erwartete Preis für die nächste Periode p_{t+1}:

$$E(p_{t+1}|\Omega_t) = (1+r)p_t - x_t. \tag{39}$$

Die Summe der diskontierten Dividenden ergibt den fundamental gerechtfertigten Preis eines Wertpapiers:

$$p_t^* = \sum_{t=0}^{\inf} \frac{E(x_{t+1}|\Omega_t)}{(1+r)^{t+1}}. \tag{40}$$

Den Term p_t^* sieht Aschinger jedoch nur als Teillösung der Gleichung 39. Eine allgemeine Lösung ergibt sich durch:

$$p_t = p_t^* + b_t. \tag{41}$$

Dabei steht b_t für einen Blasenterm, der durch folgende Bedingung gekennzeichnet ist:

$$E(b_{t+1}|\Omega_t) = (1+r)b_t.^{337} \tag{42}$$

Bedingt durch den Blasenterm entwickelt sich der Preis exponentiell weg von seinem Fundamentalwert, was im Zeitverlauf zu einer spekulativen Blase führt.[338]

---

[337] Es gilt $b_t = b_0(1+r)^t$.
[338] Vgl. Aschinger, G. (1991), S. 270 – 274.

Anhang 4: Modell zur Entstehung von Moral Hazard bei Existenz einer Depositenversicherung[339]

Modelannahme ist, dass Depositäre Kapital bei einer Bank anlegen und im Gegenzug Zinsen von der Bank erhalten. Die Bank kann im Rahmen ihrer Tätigkeit verschiedene Anlageformen tätigen. Für diese Zwecke setzt sie Fremdkapital sowie eigene Mittel ein. Annahmegemäß soll die Bank risikoneutral und die Depositäre risikoscheu sein. Das von den Kunden bei der Bank angelegte Kapital sowie die ihnen zustehenden Zinsen werden von einer Depositenversicherung garantiert. In der zweiten Periode sollen zuerst die Depositäre ihre Einlagen und Zinsen zurückerhalten. Der verbleibende Residualbetrag fließt der Bank zu. Die Renditen entsprechen nach Abzug des eingesetzten Kapitals den erwarteten Nettowert $E(NW)$.

Als erstes soll das Beispiel der „sicheren" Anlage simuliert werden. Der insgesamt von den Banken in der ersten Periode investierte Betrag beträgt 100 GE, von denen 96 aus Kundenmitteln und 4 aus eigenen Mitteln (gesamtes Eigenkapital der Bank) stammen. Für die Überlassung der Mittel erhalten die Depositäre Zinsen in Höhe von 4 GE. Mit einer Wahrscheinlichkeit von 50 % beträgt der Bruttowert in der zweiten Periode entweder 115 GE oder 105 GE (siehe Abbildung 43), wobei σ die Standardabweichung der Bruttoauszahlung bezeichnet. Der erwartete Bruttowert $E(BW)=110$ ergibt sich aus $0,5*115+0,5*105$. Tabelle 3 zeigt die möglichen Endsituationen im Überblick. Die Anlage wird als sicher bezeichnet, da in diesem Fall der realisierte Bruttowert, unabhängig vom Eintritt der Möglichkeiten, über 100 GE liegt. Die Depositenversicherung wird demnach nicht belastet.

---

[339] Vgl. Aschinger, G. (2001), S. 68 ff. und Milgrom, P.; Roberts, J. (1992): Economics, Organization and Management, New Jersey, S. 171 ff.

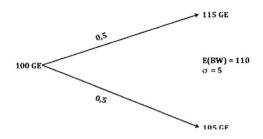

Abbildung 43: Auszahlungen der „sicheren" Anlage[340]

	Tiefer Ertrag	Hoher Ertrag	E(BW)	E(NW)
Depositäre	100	100	100	4
Bank	5	15	10	6
Verlust	0	0	0	0
Σ	105	115	110	10

Tabelle 3: Brutto- und Nettowerte der „sicheren Anlage"

Das Ertragsprofil der „risikoreiche Anlage" wird in Abbildung 44 dargestellt. Wie im vorigen Beispiel beträgt die Eintrittswahrscheinlichkeit für beide Möglichkeiten 50 %. In diesem Falle ergibt sich der erwartete Bruttowert *E(BW)=95* aus $0,5*130+0,5*60$. Die möglichen Ausgangssituationen dieser Anlage werden in Tabelle 4 dargestellt. Da im Falle des negativen Ereignisses nur 60 GE den Depositären zurückfließen, muss die Depositenversicherung für die Differenz in Höhe von 40 GE aufkommen. Auf die Depositäre hat der Ausgang also keinen Einfluss.

---

[340] Quelle: Aschinger, G. (2001), S. 69.

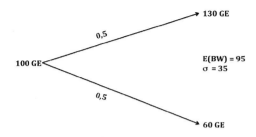

Abbildung 44: Auszahlungen der „risikoreichen" Anlage[341]

	Tiefer Ertrag	Hoher Ertrag	E(BW)	E(NW)
Depositäre	100	100	100	4
Bank	0	30	15	11
Verlust	- 40	0	- 20	- 20
Σ	60	130	95	- 5

Tabelle 4: Brutto- und Nettowerte der „risikoreichen Anlage"

Um zu beurteilen welche Anlage die Bank wählen wird, werden die Erwarteten Nettowerte betrachtet. Im Falle des Eintritts des negativen Ereignisses beträgt der Bruttowert des Eigenkapitals der Bank null.[342] Die Bank kann jedoch trotzdem ein höheres Risiko eingehen, da bei Existenz einer Depositenversicherung keine Depotsitenrückzüge befürchtet werden müssen. Beim Eintritt des positiven Ereignisses erzielt die Bank einen erwarteten Ertrag von 11 GE $(15-4)$. Im Falle der „sicheren" Anlage würde sie nur 6 GE $(10-4)$ erzielen. Da die Bank risikoneutral ist, wird sie sich für die „risikoreiche" Anlage entscheiden, da der zusätzliche Ertrag 5 GE beträgt. Die Depositäre haben aufgrund der Depositenversicherung keinen Anreiz das Anlageverhalten der Bank zu überprüfen, da sie in jedem Fall ihr eingesetztes Kapital einschließlich Zinsen zurückerhalten. Das Modell zeigt, dass das Bestehen einer Depositenversicherung zu *Moral Hazard* führt. Denn während die Gewinne der „risikoreichen" Anlage abzüglich der Zinsen der Bank zufließen, werden Depositenverluste, die das Eigenkapital der Bank übersteigen, von der Depositenversicherung getragen.

---

[341] Quelle: Aschinger, G. (2001), S. 70.
[342] Annahmegemäß soll hier die Zentralbank nicht als *Lender of Last Resort* zusätzliche Liquidität bereitstellen.

Anhang 5: Die Europäische Union und der Integrationsprozess

Konvergenzkriterien des Maastrichter Vertrags:[343]

- Art. 121 Absatz 1 erster Gedankenstrich des EG-Vertrags fordert die „Erreichung eines hohen Grades an Preisstabilität, ersichtlich aus einer Inflationsrate, die der Inflationsrate jener – höchstens drei – Mitgliedstaaten nahe kommt, die auf dem Gebiet der Preisstabilität das beste Ergebnis erzielt haben". Art. 1 des Protokolls über die Konvergenzkriterien nach Art. 121 des EG-Vertrags legt fest: „Das in Art. 121 Absatz 1 erster Gedankenstrich dieses Vertrags genannte Kriterium der Preisstabilität bedeutet, dass ein Mitgliedstaat eine anhaltende Preisstabilität und eine während des letzten Jahres vor der Prüfung gemessene durchschnittliche Inflationsrate aufweisen muss, die um nicht mehr als 1,5 Prozentpunkte über der Inflationsrate jener – höchstens drei – Mitgliedstaaten liegt, die auf dem Gebiet der Preisstabilität das beste Ergebnis erzielt haben. Die Inflation wird anhand des Verbraucherpreisindex auf vergleichbarer Grundlage unter Berücksichtigung der unterschiedlichen Definitionen in den einzelnen Mitgliedstaaten gemessen."

- Art. 121 Absatz 1 zweiter Gedankenstrich des EG-Vertrags fordert „eine auf Dauer tragbare Finanzlage der öffentlichen Hand, ersichtlich aus einer öffentlichen Haushaltslage ohne übermäßiges Defizit im Sinne des Art. 104 Absatz 6". Artikel 104 stellt das Verfahren bei einem übermäßigen Defizit dar. Gemäß Artikel 104 Absatz 2 und 3 erstellt die Europäische Kommission einen Bericht, wenn ein Mitgliedstaat die Anforderungen an die Haushaltsdisziplin nicht erfüllt, insbesondere wenn

  o das Verhältnis des geplanten oder tatsächlichen öffentlichen Defizits zum BIP einen bestimm- ten Referenzwert (im Protokoll über das Verfahren bei einem übermäßigen Defizit auf 3 % festgelegt) überschreitet, es sei denn, dass entweder das Verhältnis erheblich und laufend zurückgegangen ist und einen Wert in der Nähe des Referenzwerts erreicht hat oder der Referenzwert nur ausnahmsweise

---

[343] Quelle: EZB (2008b), S. 8 – 14.

und vorübergehend überschritten wird und das Verhältnis in der Nähe des Referenzwerts bleibt,

- ○ das Verhältnis des öffentlichen Schuldenstands zum BIP einen bestimmten Referenzwert überschreitet (im Protokoll über das Verfahren bei einem übermäßigen Defizit auf 60 % des BIP festgelegt), es sei denn, dass das Verhältnis hinreichend rückläufig ist und sich rasch genug dem Referenzwert nähert.

- Art. 121 Absatz 1 dritter Gedankenstrich des EG-Vertrags fordert die „Einhaltung der normalen Bandbreiten des Wechselkursmechanismus des Europäischen Währungssystems seit mindestens zwei Jahren ohne Abwertung gegenüber der Währung eines anderen Mitgliedstaats". Art. 3 des Protokolls über die Konvergenzkriterien nach Art. 121 des EG-Vertrags legt fest: „Das in Art. 121 Absatz 1 dritter Gedankenstrich dieses Vertrags genannte Kriterium der Teilnahme am Wechselkursmechanismus des Europäischen Währungssystems bedeutet, dass ein Mitgliedstaat die im Rahmen des Wechselkursmechanismus des Europäischen Währungssystems vorgesehenen normalen Bandbreiten zumindest in den letzten zwei Jahren vor der Prüfung ohne starke Spannungen eingehalten haben muss. Insbesondere darf er den bilateralen Leitkurs seiner Währung innerhalb des gleichen Zeitraums gegenüber der Währung eines anderen Mitgliedstaats nicht von sich aus abgewertet haben."

- Art. 121 Absatz 1 vierter Gedankenstrich des EG-Vertrags fordert die „Dauerhaftigkeit der von dem Mitgliedstaat erreichten Konvergenz und seiner Teilnahme am Wechselkursmechanismus des Europäischen Währungssystems, die im Niveau der langfristigen Zinssätze zum Ausdruck kommt". Art. 4 des Protokolls über die Konvergenzkriterien nach Art. 121 des EG-Vertrags legt fest: „Das in Art. 121 Absatz 1 vierter Gedankenstrich dieses Vertrags genannte Kriterium der Konvergenz der Zinssätze bedeutet, dass im Verlauf von einem Jahr vor der Prüfung in einem Mitgliedstaat der durchschnittliche langfristige Nominalzinssatz um nicht mehr als 2 Prozentpunkte über dem entsprechenden Satz in jenen – höchstens drei – Mitgliedstaaten liegt, die auf dem Gebiet der Preisstabilität das beste Ergebnis erzielt haben. Die Zinssätze werden anhand langfristiger Staatsschuldverschreibungen oder vergleichbarer Wertpapiere unter Berücksichtigung der unterschiedlichen Definitionen in den einzelnen Mitgliedstaaten gemessen."

• Unabhängigkeit der nationalen Zentralbanken von politischen Einflüssen.

Methoden zur Messung des Finanzintegrationsprozesses

	Price-/Yield-based measures	Country-effects
Money market	• Spread between interest rates • Cross-sectional-dispersion	Dispersion of rates across countries vs. within countries
Banking/Credit market	• Spread between interest rate using a reference country interest rate • Margins using comparable market rates • β-convergence • Cross-sectional-dispersion	
Corporate bond market	• Size and significance of country effect for corporate bond spreads • Cross-sectional-dispersion in country effect • Proportion of cross-sectional variance explained by country effect	Country versus rating effects within the country (rating) portfolios
Government bond market	• Spread between yields using a reference asset • β-convergence • Cross-sectional-dispersion	
Equity market		Sector versus country effect

	News-based measures	Quantity-based measures
Money market		• Cross border lending activities • Resort to standing facilities • Repo-market: number of trades involving non-euro area banks
Banking/Credit market	Percentage of interest rate change explained by common factors	• Cross-border loans to non-banks and interbank loans • Cross-border-securities holding issued by banks and non-banks
Corporate bond market		Share of assets invested in bond funds with a European-wide investment strategy
Government bond market	Percentage of asset price change explained by common factors	Share of assets invested in bond funds with a European-wide investment strategy
Equity market	Increase in common news components in equity returns	• Asset share of euro area Investment funds with non-domestic and European horizon • Share of foreign euro area equity portfolio of pension fund and life insurance sectors

Tabelle 5: Methoden zur Beurteilung des Finanzintegrationsprozesses[344]

---

[344] Quelle: Baele, L. et al. (2004), S. 22; Keim, M. (2009), S. 50 f.

Anhang 6: Unterbewertung des Kreditrisikos

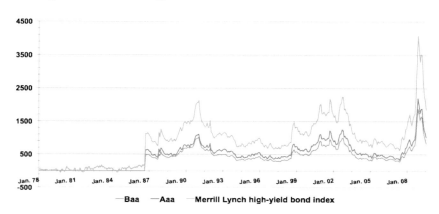

Abbildung 45: Renditeunterschiede zu einer langfristigen US-Schatzanweisung (in Basispunkten)[345]

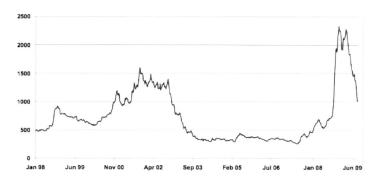

Abbildung 46: Europe Corporate Bond Market (*non financial corporate bonds*); Spread zwischen der Rendite eines Merrill Lynch High-Yield European Issuers Index Bond und einer deutschen Staatsanleihe mit 10 jähriger Laufzeit[346]

---

[345] IMF (2009), S. 169; eigene Darstellung.
[346] IMF (2009), S. 177; eigene Darstellung.

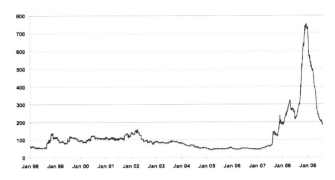

Abbildung 47: US ABS Spread; Merrill Lynch AAA Asset-Backed Master Index (fester Zinssatz)[347]

---

[347] IMF (2009), S. 179; eigene Darstellung

Der Autor

Mohamed Nahari absolvierte seine Ausbildung zum Industriekaufmann und studierte Wirtschaftswissenschaften an der Bergischen Universität Wuppertal (Schumpeter School of Business) und an der Bond University in Australien. Seit 2010 arbeitet er als Produktmanager im Bereich Risikomanagement und Controlling für Banken. Bereits 2009 hat er ein Fachbuch mit dem Titel 'Neue Investmentstrategien nach Einführung der Abgeltungsteuer' herausgebracht.

Im vorliegenden Buch analysiert er die Ursachen für Währungs- und Bankenkrisen und liefert fundierte Lösungsvorschläge.